VALENTIN KIRSCHGRUBER

DEN
Tag
segnen

Rituale von Sonnwend bis Rauhnacht,
die jeden Moment bedeutsam machen

Inhalt

Warum jeder Tag heilig ist

Oft verrinnen die Tage und wir wissen nicht, wohin. Aus Tagen werden Jahre und schließlich ein ganzes Leben. Und viele Menschen wissen auch dann immer noch nicht, wohin sie ihre Lebensreise führte.

Woher komme ich? Wohin gehe ich? Warum bin ich auf dieser Welt? Wie soll es weitergehen? Die meisten von uns stellen sich wohl dann und wann eine dieser Fragen. Doch diese Fragen sind zu groß. Die Antworten sind zu vage, zu allgemein, zu unbefriedigend. Und nur zu oft sind sie zu abstrakt und haben kaum Bedeutung für unser tägliches Leben.

Anstatt nach dem Sinn des ganzen Lebens zu fragen, täten wir besser daran, unsere Gedanken und Gefühle auf das zu richten, was sehr viel näher liegt:

– Was ist für mich der Sinn dieses Tages?

- Was habe ich heute gelernt? Und hat diese Erfahrung mich wachsen lassen?
- Für was möchte ich heute dankbar sein?
- Wie kann ich diesen Tag auf eine Art und Weise beenden, die mich gelassen und hoffnungsvoll stimmt?

In meinen beiden Büchern »Das Wunder der Rauhnacht« und »Von Sonnwend bis Rauhnacht« habe ich bereits auf die große Bedeutung hingewiesen, die Bräuche und Rituale in unseren Dorfgemeinschaften im Allgäu hatten. Es war vor allem meine Großmutter, bei der ich lernen durfte, dass christliche und auch heidnische Traditionen immer wieder aufs Neue mit Sinn erfüllt werden können und sollten. In meiner Kindheit – in einer Zeit, lange bevor es Handys oder Computerspiele gab – gehörte es ganz selbstverständlich dazu, heilige Tage etwa durch Bräuche und Orakel zu feiern, ein Tischgebet zu sprechen oder den Abendsegen zu sprechen. Inzwischen wird mir immer klarer, wie wichtig diese Augenblicke des Innehaltens und der Besinnung mitten im Alltag auch in anderen Kulturen sind, deren Rituale ich in den letzten Jahren mehr und mehr kennengelernt habe.

Ebenso wie die Jahreszeiten ist auch jeder einzelne Tag es wert, gefeiert und bewusst begangen zu werden. Indem wir uns besinnen, was dieser eine Tag für uns bedeuten kann, heben wir ihn aus dem endlosen Meer der Lebenszeit heraus. Wir segnen und heiligen den Tag. Und indem wir dem Kleinen in unserem Leben mehr Beachtung schenken, entdecken wir den Sinn schließlich auch im Großen.

Wie Sie dieses Buch nutzen können

Es gibt viele verschiedene Möglichkeiten, die Ihnen dabei helfen können, Ihren Tag zu gestalten und diesem – und damit sich selbst – einen festen Rahmen zu geben. Durch einfache Reflexionen, Meditationen, Gebete oder Rituale können Sie jeden Tag in das verwandeln, was er immer ist: in einen ganz besonderen, einmaligen Tag Ihres Lebens.

Das ist in unserer heutigen Zeit vielleicht wichtiger als je zuvor. Eine Unzahl von Anforderungen, Terminen und anstehenden Erledigungen erzeugen eine Menge Unruhe und lassen unsere Tage wie im Sturzflug vergehen. Oder Routine und Gleichförmigkeit führen dazu, dass unsere wertvollen Tage sich in grauen Alltag verwandeln. Und so wird die uns geschenkte Lebenszeit zu etwas, was »erledigt« oder gar »totgeschlagen« werden muss. Es ist sehr bedauerlich, dass wir das, wenn überhaupt, erst in der Rückschau erkennen können. Bis wir uns der vielen versäumten Möglichkeiten bewusst werden, ist es dann meist schon zu spät.

In diesem Buch werden Sie Vorschläge finden, die Sie ganz konkret nutzen können, um sich zu »be-sinnen« und Ihre Tage wieder mit Sinn zu erfüllen. Oft wird es dabei nur darum gehen, etwas Ruhe zu finden, abzuschalten oder sich mitten im Alltagstrott wieder mit sich selbst zu verbinden. Doch einige Übungen können durchaus auch große Veränderungen bewirken; sie können Sie auf den richtigen Kurs bringen.

Ebenso wie jeder Tag, so unterliegt auch das Jahr natürlichen Rhythmen. Am deutlichsten zeigt sich das in den vier Jahreszeiten, die wir in unseren Breiten intensiv erleben können – Frühling, Sommer, Herbst und Winter. Jede Jahreszeit wirkt sich auf die Qualität der einzelnen Tage aus, und sie beeinflusst nicht nur unseren Körper, sondern auch unsere Gefühle und unseren Geist.

Das Buch ist entsprechend in vier Hauptkapitel gegliedert und folgt der Sonne durch den Jahreslauf. Beginnend zur Sonnwende im Frühjahr führt es Sie durch die Jahreszeiten bis mitten hinein in die Rauhnächte zum Jahresende. Natürlich können Sie jederzeit in die Praxis einsteigen: Betreten Sie den Jahreskreis einfach an der Stelle, an der Sie im Moment stehen – wenn also gerade Winteranfang ist, dann beginnen Sie getrost auch dort zu lesen und zu üben.

In jeder Woche des Jahres möchte ich Sie dazu einladen, mit einer bestimmten Qualität zu arbeiten oder besser gesagt, ein bestimmtes Thema auf sich wirken zu lassen. Neben einigen erläuternden Worten, die Sie dazu anregen werden, darüber nachzudenken, welche Chancen und Entwicklungsschritte sich in jeder Phase Ihres Lebens bieten, finden Sie in jedem Abschnitt Bauernregeln und Geburtstage sowie den Morgen- und Abendsegen und ein Nachtgebet.

Bauernregeln und Geburtstage

Was macht diesen Tag zu einem besonderen Tag? Wenn es uns gelingt, diese Frage für uns zu beantworten, wird es uns leicht fallen, den Tag zu segnen – ihn also aus der vermeintlichen Banalität zu heben und ihn in eine gesegnete und reiche Zeit zu verwandeln. Sehr inspirierend kann ein Blick auf die Geschichte sein: In jedem Abschnitt finden Sie die *Bauernregeln*. Dabei handelt es sich um Wetterbeobachtungen, die über viele Generationen weitergegeben wurden und die sich teilweise bis in das Altertum zurückverfolgen lassen. Die meist in Reimform verfassten Sprüche zeigen, welch wichtige Rolle die Beobachtung jedes einzelnen Tages schon vor Jahrhunderten spielte und wie sehr das Überleben der agrarischen Gesellschaft von der Natur und dem Wetter abhing. Übrigens haben statistische Auswertungen der Aufzeichnungen von Observatorien ergeben, dass die alten Erfahrungswerte auch heute noch häufig zutreffen. Unter den Bauernregeln wird gelegentlich auf sogenannte Schwendtage hingewiesen – »Schwendtage« oder »verworfene Tage« sind Tage, die für Unternehmungen aller Art als äußerst ungünstig gelten. An diesen Tagen sollten Sie möglichst nichts Neues beginnen und auch nicht verreisen.

Weiterhin finden Sie *Geburtstage* von Menschen, die diesen Tag im Rückblick zu einem außergewöhnlichen Tag machen. Ebenso wie die Bauernregeln können auch die Taten oder Gedanken wichtiger Persönlichkeiten uns inspirieren und uns Impulse geben, für die wir uns Tag für Tag öffnen können. Welche Menschen, die an diesem Tag Geburtstag hatten, können uns auch heute noch durch ihre Handlungen oder Worte inspirieren? Wenn Sie tief in sich hineinhorchen und kreativ mit diesen Fragen umgehen, kann dies oft zu kleinen oder auch großen Geistesblitzen führen.

Der Morgensegen

Der *Morgensegen* bietet eine schöne Möglichkeit, den Tag bewusst zu beginnen. Bei dieser einfachen Praxis geht es darum, schon vor dem Aufstehen, während Sie also aus der Welt der Träume in die Welt der Wirklichkeit wechseln, einige Segensworte auszusprechen. Durch das kleine Ritual der bewussten und kraftvollen Bejahung, wird es Ihnen leicht fallen, sich positiv auf den Tag einzustimmen. Auch wenn der Morgensegen in der Regel nur aus wenigen Sätzen besteht, kann es sinnvoll sein, sich diese am Vorabend zu notieren. So haben Sie sie beim Aufwachen parat, ohne das Buch zur Hand nehmen zu müssen. Sie können die Worte leise flüstern oder sie innerlich aussprechen – wichtig ist nur, dass Sie sie entspannt, langsam und im Rhythmus Ihres Atems wiederholen.

Der Abendsegen

Der *Abendsegen* dient dazu, den Tag bewusst abzuschließen, was besonders wichtig ist, wenn der turbulent war. Alle Belastungen des Tages, die Sie nicht loslassen können, tragen Sie nämlich mit in die Nacht und oft noch in die nächsten Tage und Wochen hinein. Im Laufe der Zeit kann diese Last dann im wahrsten Sinn des Wortes unerträglich werden. Deshalb ist es so wichtig, das Abschließen und Loslassen nicht auf die ferne Zukunft oder den nächsten Urlaub zu verschieben. Nur wenn wir lernen, die Tür für das Alte Tag für Tag zu schließen, wird cs uns gelingen, sie auch jeden Tag wieder für das Neue in unserem Leben zu öffnen.

Doch wie schließen wir den Tag bewusst ab? Ganz einfach: Indem wir abends oder am späten Nachmittag, mindestens einige Minuten lang, kurz innehalten und währenddessen von aller Geschäftigkeit ablassen. Dazu dienen die einfachen Meditationen und Rituale, die ich Ihnen vorschlage – wohlgemerkt nicht als etwas, das Sie tun *sollen*, sondern als etwas, das Sie tun *können*, wenn es sich für Sie gut anfühlt. Bei allen Übungen geht es im Grunde um etwas sehr Einfaches, nämlich darum, einmal ganz auf die Stimme des eigenen Herzens zu hören – gerade auch inmitten aller Turbulenzen.

Ritualisierte Übungen haben nichts mit Leistung zu tun – ganz im Gegenteil: Statt uns einzuengen, geben sie den Blick auf neue Räume frei und erweitern unser Erleben. Auch geht es nicht darum, eine große Sache daraus zu machen: Gerade durch die tägliche Wiederholung, den vertrauten Wortlaut und Rhythmus der Segensworte, werden auch ganz einfache, kleine Rituale ihre Wirkung innerhalb der Woche entfalten und Sie mit sich selbst verbinden. Ob der Abendsegen nun aus einer Sitzmeditation, einer Achtsamkeits- oder Körperübung, der Durchführung eines Orakels oder eines Rituals besteht – er schafft einmal täglich eine heilige Zeit, indem er Sie über das weltliche Einerlei hinaushebt. Dabei lassen sich die Begriffe »Meditation« und »Ritual« nicht klar voneinander abgrenzen, denn jede Meditation folgt einem ritualisierten Ablauf, während jedes Ritual meditativen Charakter hat. Im Grunde geht es dabei immer um achtsam durchgeführte, strukturierte Handlungen und darum, sich der Bedeutung des Augenblicks bewusst zu werden.

Hinweise für die Praxis

Gleichgültig, ob Sie nur eine kleine Meditation oder ein längeres Ritual ausführen, Sie sollten dabei vor allem auf das »Wie« achten. Die äußere Ausführung ist gar nicht so wichtig – viel wesentlicher ist es, dass Sie die Übungen in einer würdevollen Haltung und einer feierlichen Stimmung ausführen. Hier sind einige einfache Hinweise, die Ihnen das Üben erleichtern:

Entscheiden Sie sich bewusst dazu, sich wenigstens einmal am Tag etwas Zeit für sich selbst zu nehmen. Lenken Sie Ihre Aufmerksamkeit von den äußeren Ereignissen ab und auf Ihr Inneres hin. Befreien Sie sich so gut es geht von allen Sorgen und Nöten des Alltags. Wenn sich belastende Gedanken aufdrängen, können Sie sie oft schon mit einem innerlich gesprochenen »Nicht jetzt« verbannen. Die Übungen werden Ihnen zudem helfen, mehr innere Ruhe zu entwickeln.

- Erwarten Sie keine Wunder: Wenn anfangs nicht alles klappt, ist das ganz normal. Meditationen und Rituale werden erst dann ihre volle Wirkung entfalten, wenn Sie sie regelmäßig wiederholen.

- Natürlich wäre es sehr günstig, wenn Sie jeden Tag einige Minuten erübrigen könnten, um »zu sich zu kommen«. Doch oft lässt unser Alltag das nicht zu. Dann ist es wichtig, sich wenigstens einige Male in der Woche auf das zu besinnen, worum es im Leben wirklich geht – um Ihre Entwicklung, Ihre innere Sehnsucht, um die Kraft Ihrer Seele. Wenn Sie auch nur fünf Minuten erübrigen können, sorgen Sie durch eine kleine Meditation schon für mehr innere Ruhe. Und wenn Sie mehr Zeit haben, können Sie auch ein richtiges Ritual daraus machen. In diesem Buch werden Sie viele Anregungen finden, doch nur Sie entscheiden, welche davon am besten in Ihren Tagesablauf passt.

- Beim Abendsegen kommt es vor allem auf die Absicht an: Im Wesentlichen geht es immer wieder darum, das Alte abzuschließen, sich für das Neue zu öffnen und Chancen, die sich bieten, zu erkennen. Eine klare Intention hilft Ihnen, sich auf das auszurichten, was für Ihr Leben wichtig ist.

- Wo auch immer Sie üben – achten Sie darauf, dass Sie ungestört sind. Wählen Sie einen Ort, an dem Sie sich sicher und wohl fühlen. Im Haus zu üben hat den Vorteil, dass Sie ein Energiefeld aufbauen können, sofern Sie immer im selben Zimmer meditieren. Wichtig ist dazu jedoch, dass Sie die Atmosphäre des Raums bewusst gestalten: Lassen Sie frische Luft in das Zimmer, stellen Sie Kerzen auf, sorgen Sie für angenehmes Licht und dafür, dass es warm genug ist. Wenn Sie im Freien üben, hat das den Vorteil, dass Sie die Energien der Natur hier besser aufnehmen können.

– Beginnen und beenden Sie die Meditation beziehungsweise das Ritual bewusst und achtsam. Zünden Sie als Signal zu Beginn eine Kerze an, die Sie am Schluss wieder löschen. Auch können Sie am Anfang und Ende einen Gong, ein Glöckchen oder eine Klangschale ertönen lassen.

– Wenn es hilfreich für Sie ist, können Sie um kosmische Hilfe für Ihre Zeit der Besinnung bitten. Anrufungen werden in Ritualen seit je eingesetzt. Meist genügt ein einfacher Satz, den Sie aus Ihrem Herzen sprechen. Ob Sie dabei Gott, das Universum, die Energie der Elemente oder die Quelle Ihrer inneren Weisheit ansprechen, ist allein Ihre Entscheidung.

– Da Meditationen meist im Sitzen durchgeführt werden und ich Wiederholungen vermeiden möchte, will ich an dieser Stelle darauf hinweisen, dass Ihre Sitzhaltung vor allem bequem und zugleich aufrecht sein sollte. Auf dem Boden zu sitzen hat Vorteile; ein Meditationskissen oder

-bänkchen kann hier wertvolle Dienste leisten. Doch auch das Sitzen auf einem Stuhl ist eine gute Möglichkeit, nach innen zu gehen. Wichtig ist jedoch, dass Sie sich nicht anlehnen. Der Rücken sollte aufrecht, aber nicht steif sein. Sitzen Sie würdevoll und mit einem Lächeln auf den Lippen. Achten Sie vor allem darauf, Schultern, Gesicht und Bauch zu entspannen. Der Atem sollte immer frei und leicht fließen können.

Das *Nachtgebet* ist meine persönliche Art, den Tag zu beenden. Ich spreche die Worte, die meist in Versform verfasst sind, kurz bevor ich ins Bett gehe oder auch erst direkt vor dem Einschlafen. An dieser Stelle will ich aber noch einmal betonen, dass die Übungswege in diesem Buch allesamt Vorschläge sind, die immer nur als Anregung verstanden werden sollten. Nicht alles liegt jedem, doch ohne Zweifel kann jeder Wege finden, die zu ihm oder zu ihr passen.

Bei den Nachtgebeten handelt es sich nicht um Gebete im klassischen Sinn, sondern um kraftvolle Gedanken, Einsichten und Weisheiten, die wie Samen im Unterbewussten wirken und positive Veränderungen bewirken können. Auch wenn ich selbst ursprünglich einer christlichen Tradition entstamme, so sind es doch keine christlichen Gebete. Sie können diese Worte unabhängig davon, welcher Religion Sie angehören, anwenden. Ebenso wie die Meditationen und Rituale des Abendsegens stellt auch das Nachtgebet eine Form der Besinnung dar, die dazu dient, die Weisheit unseres Herzens zu erwecken – und das hat sehr viel mehr mit Spiritualität als mit Religion zu tun.

Sie können die Worte der Nachtgebete innerlich oder auch äußerlich sprechen. Wichtig ist nur, dass Sie Ihre Konzentration auf die Macht der Worte richten und diese langsam und bewusst sprechen. Und natürlich können Sie die Verse auch mehrmals wiederholen – hier gibt es keine Regeln.

Sollten Sie keinen Zugang zu dieser Form, den Tag abzuschließen, finden, möchte ich Ihnen eine Alternative ans Herz legen: Statt die letzten Minuten des Tages vor dem Einschlafen mit Fernsehen oder am Computer zu verbringen, können Sie spirituelle, religiöse oder philosophische Schriften lesen, die Ihre Seele erheben und Ihre Stimmung besänftigen, sodass Sie nicht nur besser schlafen, sondern auch kraftvoll in den neuen Tag starten werden.

Frühling

Element: Wasser
Zeit: März bis Juni

Der Frühling beginnt astronomisch gesehen mit der sogenannten »Frühjahrs-Tagundnachtgleiche« – mit der Zeit also, in der Tag und Nacht gleich lang sind, was bei uns um den 20. März der Fall ist. Nach der kalten Zeit werden die Tage jetzt endlich wieder länger. Immer öfter blinzelt die Sonne hervor.

Ab Ende Februar sprießen bereits erste Schneeglöckchen und Leberblümchen, aber auch Weidenkätzchen und Haselnüsse bahnen sich ihren Weg in die Sonne.

Die ganze Natur scheint zu erwachen: Die Vögel zwitschern in den Bäumen, und kaum beginnen die Weidenkätzchen sich gelb zu verfärben, fangen nach und nach zahlreiche Blumen und Bäume zu blühen an, und wenig später steht auch der Flieder in voller Blüte.

Tiere wie Igel, Haselmäuse oder Siebenschläfer erwachen aus dem Winterschlaf und begeben sich wieder auf Nahrungssuche. Schon zu Beginn des Frühlings können wir am Himmel viele Vogelschwärme oder einzelne Zugvögel beobachten, die von ihrer langen Reise aus dem Süden wieder zurückkehren. In der Welt der Insekten zählen Mai- und Marienkäfer zu den ersten Frühlingsboten, und es dauert nicht mehr lange, bis auch Hummeln, Bienen und Schmetterlinge wieder durch die Luft schwirren und flattern.

Das Element, das dem Frühling zugeordnet wird, ist das Wasser. Alles beginnt zu fließen – nicht nur die Säfte in den Pflanzen, sondern auch unsere Gefühle kommen in Fluss.

Der Frühling ist auch die Zeit, da viele hormonelle Veränderungen im Körper stattfinden. Langsam, aber sicher steigt die Laune und die Lebenslust und mit ihnen das Bedürfnis, sich wieder mehr nach außen zu wenden und sich mehr zu bewegen. Der Frühling ist die ideale Zeit für Reinigungsrituale wie Trink- und Fastenkuren. Immerhin muss unser Körper ja einiges leisten, denn er muss sich wieder auf die wärmeren, helleren Tage einstellen, was oft zu Stimmungsschwankungen und Frühjahrsmüdigkeit führt.

Die wichtigen Fragen, die wir uns im Frühjahr stellen sollten, lauten: Wofür wird es jetzt Zeit? Welche Ziele treiben mich an? Was will ich in meinem Inneren wachsen und entstehen lassen? Wie kann ich dazu beitragen, meine Lebensfreude und Kreativität zu spüren? Was ist das Alte, von dem ich mich lösen muss, um dem Neuen Raum zu geben?

Einkehr

Der Winter nimmt Abschied. Unser Jahreslauf beginnt mit dem Frühling, dem neuen Erwachen. Die Tage der ersten Frühlingswoche sind dem Thema »Einkehr« gewidmet. An diesen Tagen wollen wir in uns gehen und uns darauf besinnen, was uns wirklich ausmacht, was uns antreibt und bewegt.

Das Frühjahr beginnt mit der Frühjahrs-Tagundnachtgleiche: Am 20. oder 21. März sind Tag und Nacht zwölf Stunden lang – auf der ganzen Welt! Die Tage werden von jetzt an länger als die Nächte sein. Bis zur Sommersonnwende, wenn sie wieder kürzer werden, bis sie schließlich am Tag der Herbst-Tagundnachtgleiche mit den Nächten gleichgezogen haben. Danach werden die Tage bis zur Wintersonnwende immer kürzer - schließlich werden die Tage wieder länger, bis Tag und Nacht gleich lang sind. So schließt sich der Kreis.

Bauernregeln

20./21.03. WIE SICH DIE SONNE ZUM FRÜHJAHR
WENDET, SO AUCH DIESER SOMMER ENDET.
23.03. WEHT KALTER WIND AN SANKT OTTOS TAG,
DAS WILD NOCH VIER WOCHEN EICHELN MAG.
24.03. SCHEINT AUF SANKT GABRIEL DIE SONN',
HAT DER BAUER FREUD UND WONN'.
25.03. MARIÄ VERKÜNDUNG HELL UND KLAR,
IST EIN SEGEN FÜRS GANZE JAHR.
26.03. IST SANKT LUDGER FEUCHT,
BLEIBT DER KORNBODEN LEICHT.

Die Inspiration der Woche

In der zweiten Frühlingswoche, am 21. März 1685 (nach dem neuen gregorianischen Kalender, der heute gilt, allerdings erst am 31. März) wurde Johann Sebastian Bach geboren, einer der bedeutendsten Musiker der Geschichte. Vor allem in seinen Goldberg-Variationen zeigt er uns auf musikalischer Ebene, wie ein Thema auf vielfältige Weise verwandelt werden kann und doch unverkennbar erhalten bleibt. Mit unserem Leben ist es ähnlich: Wir mögen durch Geburt und Schicksal geprägt werden, doch wir bleiben im Innersten immer wir selbst – gerade indem wir uns verwandeln. Indem wir die Tage der Einkehr widmen, spüren wir das in uns auf, was unseren Kern ausmacht.

21

Ganz im Frühjahr ankommen

Nehmen Sie sich in diesen Tagen etwas Zeit, ganz in der neuen Jahreszeit anzukommen. Allmählich beginnen die Tage heller und wärmer zu werden. Spüren Sie einmal tief in sich hinein: Können Sie vielleicht in sich auch etwas von den Energien des Frühlings spüren? In Ihrem Körper, Ihren Gefühlen, Ihren Gedanken? Gibt es etwas, was in Ihnen heller und lebendiger werden will?

Während die ersten Blumen zwischen den letzten Schneeflecken und aus dem vermoderten Laub des Vorjahres langsam, aber sicher wieder der Sonne entgegenwachsen, können Sie darüber nachdenken, was in Ihnen zu neuer Kraft erblühen will. Versuchen Sie, das Neue zu erkennen, wenn es erscheint, sei es in Form von Begegnungen, von beruflichen oder privaten Herausforderungen oder auch von globalem Geschehen. Öffnen Sie sich für das Neue, auch wenn es noch unbekannt ist. Öffnen Sie sich für die Möglichkeiten, die vielen jeder einzelne Tag bereithält.

Morgensegen

Beginnen Sie die Tage dieser Woche damit, in sich zu gehen und sich mit einem Segensgedanken auf den Tag einzustimmen. Nehmen Sie sich nach dem Aufwachen ein wenig Zeit, sich zu besinnen. Legen Sie die Hände über Ihr Herz, sehen Sie, was Ihre Gedanken und Gefühle gerade tun. Lächeln Sie, zumindest innerlich, und wiederholen Sie dreimal, ganz langsam, die Segensworte für diesen Tag:

Das, was in mir ist, geht in die Welt. Ich öffne mein Herz, achte auf meine Gedanken und Taten. Möge dieser Tag gesegnet sein.

Nach jeder Wiederholung atmen Sie einmal tief durch. Spüren Sie die Kraft des Segens und freuen Sie sich auf das, was dieser Tag Ihnen bringen wird.

Abendsegen

Ziehen Sie sich an einen Ort zurück, an dem Sie ungestört sind. Zünden Sie eine Kerze an. Setzen Sie sich dann aufrecht und entspannt auf einen Stuhl oder ein Meditationskissen. Schließen Sie die Augen, wenn sich das angenehm für Sie anfühlt.

Konzentrieren Sie sich nun auf Ihre Herzmitte, nicht auf das physische Herz, sondern auf das spirituelle Herzzentrum in der Mitte Ihrer Brust. Spüren Sie, wie der Atem sanft aus der Weite in Ihren Brustraum strömt, wie sich die Brust beim Einatmen ausdehnt und beim Ausatmen wieder zusammenzieht. Versuchen Sie jedoch nicht, den Atem zu vertiefen oder zu verändern. Lassen Sie ihn einfach nur natürlich kommen und gehen.

Wenn Sie etwas zur Ruhe gekommen sind, stellen Sie sich innerlich folgende Fragen:

– Was ist heute alles passiert?« (Lassen Sie den Tag im Schnelldurchlauf Revue passieren.)

– »Welche Gefühle waren vorherrschend? Vielleicht Sorge, Freude, Ärger, Unruhe, Zufriedenheit...?«

– »Gab es heute Möglichkeiten, mich für etwas Neues zu öffnen – beispielsweise Beziehungen, Fähigkeiten oder Herzqualitäten neu aufblühen zu lassen?«

Nehmen Sie sich nach jeder Frage einige Atemzüge Zeit, um Antworten aus Ihrem Inneren zu erhalten. Lassen Sie einfach aufsteigen, was aufsteigen will. Verurteilen Sie weder, was passiert ist, noch, wie Sie gehandelt haben. Es ist in Ordnung, so wie es ist. Versuchen Sie nur zu erkennen, was ist. Sie brauchen nichts zu verändern. Atmen Sie abschließend einmal tief durch und öffnen Sie dann wieder die Augen.

NACHTGEBET

In mir ruht ein Edelstein.
Ich muss ihn nur vom Staub befrei'n:
ganz ohne Urteil, ohne Hast,
löse ich mich von meiner Last.

Wandlung

»Wandlung« ist das Thema der Tage der zweiten Frühlingswoche. Es kommen Veränderungen auf uns zu – Veränderungen, die wir freudig annehmen können. Die Verwandlung hat zwei Aspekte: Das, was war, verschwindet und das, was im Alten verborgen lag, tritt nun hervor. Das Vergehen und das Kommen des Neuen sollten wir nicht fürchten. In der Natur gibt es natürlich mit der Ankunft des Frühlings überhaupt nichts zu fürchten und wir freuen uns darüber, dass die kalte Jahreszeit vorbei ist. Nun öffnen wir die Augen und sehen, wie in uns und in der Natur um uns alles im Wandel begriffen ist.

Bauernregeln

27.03. IST AN RUPERT DER HIMMEL REIN,
SO WIRD ER'S AUCH IM JUNI SEIN.
29.03. WIE SANKT BERTHOLD GESONNEN,
WO WIRD DER FRÜHLING KOMMEN.
01.04. AUSSAAT AM 01. APRIL, VERDIRBT DEN
BAUERN MIT STUMPF UND STIEL. (SCHWENDTAG!)
02.04. BRINGT SANKT ROSAMUND STURM UND
WIND, SO IST SIBYLLA (29.04.) UNS GELIND.

Die Inspiration der Woche

In der zweiten Frühlingswoche, am 02. April 1805 wurde der Dichter Hans Christian Andersen geboren. Jeder von uns kennt zumindest einige seiner Märchen: »Die Prinzessin auf der Erbse«, »Die kleine Meerjungfrau«, »Des Kaisers neue Kleider« und viele andere.

Hans Christian Andersen soll uns diese Woche über inspirieren. Das Thema der Wandlung spielt ja in all seinen Geschichten eine wichtige Rolle: Die überempfindliche Prinzessin verwandelt sich in eine vernünftige Person, die seelenlose Meerjungfrau verwandelt sich in ein Menschenmädchen und gewinnt eine Seele und der Kaiser wird durch das Offenbarwerden seiner allzu autoritätshörigen Gutgläubigkeit verwandelt. Andersen zeigt uns, dass Verwandlung immer möglich ist – und dass sie gut ist.

Veränderungen geschehen lassen

Alles, was lebt, verändert sich von Sekunde zu Sekunde. Über weite Teile unseres Lebens mögen wir das Gefühl haben, dass sich nicht viel tut und im Grunde immer wieder das Gleiche passiert – doch das täuscht. Der Augenblick, in dem Sie diese Zeilen lesen, unterscheidet sich von dem Augenblick, da Sie angefangen haben, dieses Kapitel zu lesen. Und während Sie jetzt gerade darüber nachdenken, haben sich Ihre Gefühle, Gedanken und sogar die Zellen Ihres Körpers bereits erneut verwandelt.

Fällt es Ihnen schwer zu akzeptieren, dass unser Leben in ständigem Wandel ist? Menschen kommen und gehen, Freude und Leid wechseln sich ab, und wie schön der Augenblick auch sein mag, er geht doch vorbei. Gelingt es Ihnen, sich trotz allem dem Strom des Lebens anzuvertrauen? Wenn Sie erkennen, dass Ihr innerster Wesenskern unveränderlich und ewig ist, wird es Ihnen leicht fallen, das Erscheinen und Verschwinden von Phänomenen zu beobachten. Dann können Sie gelassen bleiben – was immer auch der Tag bringen mag.

Morgensegen

Jeder Morgen ist der Beginn eines einmaligen Tages. Stimmen Sie sich mit einem Segensgedanken auf die kommenden Stunden ein. Wenn Sie aufwachen, zögern Sie nicht lange: Stehen Sie auf und sehen Sie aus dem Fenster. Strecken Sie sich, heben Sie die Hände über den Kopf, und wiederholen Sie dreimal die Segensworte:

Alles verändert sich. Ich lasse mich vom Strom des Lebens tragen und bin voller Neugier auf das, was kommen mag. Sei dieser Tag gesegnet.

Nach jeder Wiederholung lassen Sie die Arme fallen, atmen Sie einmal tief durch, spüren Sie die Kraft des Segens.

Abendsegen

Nehmen Sie sich heute Zeit für eine kurze Energiemassage. Sie hilft Ihnen dabei, sich offen und neugierig auf die Wandlungen einzulassen, mit denen das Leben uns konfrontiert. Und sie trägt dazu bei, sich mit Ihrer Leibesmitte und der Kraft der Lebensfreude zu verbinden.

– Legen Sie sich rücklings auf eine weiche Unterlage. Entspannen Sie sich – lassen Sie sich einfach von der Erde tragen und Ihren Körper schwer werden. Schließen Sie die Augen und lassen Sie die Handflächen ein paarmal sanft aneinander kreisen, um die Energie in den Händen zu aktivieren.

– Legen Sie die Hände in Höhe des Bauchnabels sanft auf den Bauch und nehmen Sie die Atembewegung wahr. Stellen Sie sich nun vor, dass Sie bei jedem Einatmen Energie aufnehmen und lassen Sie diese Energie ausatmend in den Bauch strömen. Wiederholen Sie das einige Male.

– Visualisieren Sie nun einen Energiestrahl, der von Ihren Händen aus in den Bauch strömt. Sie können der Energie in Ihrer Vorstellung auch eine Farbe geben, wobei

Orange oder Gelb besonders günstig sind, um die Lebensfreude zu wecken.

Spüren Sie, wie die gelbe oder orangefarbene Energiekugel bei jedem Atemzug größer und heller wird, bis sie schließlich im ganzen Bauchraum erstrahlt.

- Bleiben Sie so entspannt wie möglich: Visualisierungen haben nichts mit Willenskraft zu tun – es geht dabei nur darum, Ihre inneren Schöpferkräfte einzusetzen.
- Schließen Sie die Energiemassage ab, indem Sie die Hände wieder auf den Boden legen und noch einige Male tief durchatmen. Öffnen Sie dann wieder die Augen, strecken Sie sich durch und stehen Sie wieder auf.

NACHTGEBET

Alles ist im Wandel,
nichts bleibt, wie es ist;
doch wandelnd bleibst du ganz bei dir
und bist der, der du bist.

Liebe

Die Tage der dritten Frühlingswoche wollen wir dem Thema »Liebe« widmen. »Liebe« ist ein großes Wort. Doch durch den zu häufigen Gebrauch wurde das Wort abgeschliffen, es wurde seines Gefühlsinhalts beraubt. Im Fernsehen sehen wir, dass Menschen Coca Cola »lieben«. Aber das ist wohl kaum mit dem zu vergleichen, was wir meinen, wenn wir sagen, dass wir Gott, das Leben, unser Kind oder die Musik lieben! Die Worte sind nur Symbole für die Gefühle. Und in uns spüren wir, was Liebe wirklich bedeutet. Wir segnen diese Tage, indem wir uns auf die Kraft der Liebe besinnen.

Bauernregeln

03.04. WER AN SANKT CHRESTUS
SÄT DEN LEIN', BRINGT SCHÖNEN FLACHS
IN SEINEN SCHREIN.
05.04. HAT SANKT VINZENT SONNENSCHEIN,
BRINGT ES VIELE KÖRNER EIN.
08.04. BRINGT AMANDUS REICHLICH REGEN,
BRINGT'S DEM BAUERN KEINEN SEGEN.

Die Inspiration der Woche

Der dritten Frühlingswoche wollen wir die heilige Katharina von Genua als Patin beistellen. Die italienische Mystikerin wurde am 05. April 1447 geboren. Als Tochter des Vizekönigs hätte sie ein Leben im Luxus führen können – doch sie trat dem dritten Orden des heiligen Franziskus bei und widmete sich der Pflege von Pestkranken. Die Liebe zum Höchsten, die Liebe zum Geringsten und die Liebe zum leidenden Menschen: Die heilige Katharina steht für all diese Formen der Liebe.

Liebe verschenken

Im Frühling werden die Tage heller und wärmer, und davon profitieren nicht nur die Pflanzen und Tiere, sondern auch wir. Während um uns herum die Blumen und Bäume erblühen, öffnet sich auch unser Herz. Die Gefühle werden inten-

31

siver erlebt und auch mit unserer Laune geht es jetzt bergauf, ohne dass wir etwas Besonders dafür tun müssten.

Der Frühling ist die Zeit der Liebe. Allerdings bezieht sich das oft vor allem auf die erotische Liebe. Die Menschen verlieben sich jetzt wieder leichter, und der ein oder andere fühlt sich zuweilen, als hätte er ganze Schwärme von Schmetterlingen im Bauch. All das passiert ganz von selbst und hat mit der zunehmenden Sonneneinstrahlung und deren Wirkung auf unser Hormonsystem zu tun.

Doch Liebe ist mehr als Verliebtheit oder Schwärmerei. Die Liebe, die von Herzen kommt, unterstützt alle Menschen, denen wir unsere Liebe schenken. Dazu müssen wir allerdings unser Herz öffnen, denn manchmal ist es nicht leicht, Menschen zu lieben – vor allem dann nicht, wenn wir Probleme mit ihnen haben. Je mehr Liebe jedoch aus uns herausströmt, desto tiefer geht sie auch wieder in uns ein, denn die Liebe ist eines der wenigen Dinge, die sich dadurch, dass wir sie verschenken, vermehrt.

Morgensegen

Beginnen Sie die Tage dieser Woche damit, sich mit einem Segensgedanken auf den Tag einzustimmen. Wenn Sie aufwachen, nehmen Sie sich noch etwas Zeit, bevor Sie aufstehen. Legen Sie die Hände über Ihr Herz, richten Sie Ihre Gedanken auf die Menschen, die Ihrem Herzen besonders nahestehen und wiederholen Sie siebenmal die Segensworte für diesen Tag:

>> *Liebe überwindet alle Grenzen. Die Kraft der Liebe begleitet mich –* <<
sie öffnet mein Herz und segnet diesen Tag.

Nach jeder Wiederholung atmen Sie einmal tief durch, spüren Sie die Kraft des Segens und freuen Sie sich auf das, was Ihnen dieser Tag bringen wird.

Abendsegen

Stellen oder setzen Sie sich aufrecht hin. Legen Sie beide Handflächen übereinander auf die Brustmitte, wobei die Hände sich kreuzen. Schließen Sie die Augen. Nehmen Sie sich etwas Zeit, alle Aufregungen und Probleme des Tages wieder zur Ruhe kommen zu lassen. Atmen Sie dazu einige Male entspannt durch.

– Lenken Sie Ihre Aufmerksamkeit jetzt auf die Mitte Ihrer Brust, auf die Stelle, wo Ihre Hände aufliegen. Können Sie die Berührung und die Wärme spüren? Neigen Sie den Kopf leicht nach vorne, sodass das Kinn sanft in Richtung Brust weist.
Sprechen Sie dann innerlich die Sätze: »Möge ich gesegnet sein. Möge ich mir selbst Liebe und Unterstützung schenken. Möge ich die Kraft haben, mich genau so anzunehmen, wie ich bin.«

– Lassen Sie die Sätze einige Sekunden auf sich wirken – wenn Sie möchten, können Sie ihn auch mehrmals wiederholen.

– Denken Sie jetzt an einen Menschen, mit dem Sie heute oder in jüngster Vergangenheit Schwierigkeiten hatten. Sprechen Sie innerlich: »Möge X gesegnet sein. Möge mein Herz groß und weit sein. Möge ich fähig sein, ihr/ihm Liebe zu schenken und sie/ihn zu unterstützen, da auch sie/er der Liebe bedarf.«

– Entspannen Sie sich noch einige Atemzüge lang. Öffnen Sie dann die Augen und lassen Sie die Hände wieder sinken.

NACHTGEBET

Dieser Tag war ein besond'rer Tag.
Mein Herz ging in die Welt hinaus.
Und was hinausging, kam herein.
Möge mein Herz voll der Liebe sein.

Dankbarkeit

Wir sind nun schon in der vierten Frühlingswoche, mitten im April, angelangt. Die Blumen werden immer zahlreicher, die Tage immer länger und das Wetter – immer unbeständiger. Diese Unbeständigkeit des Aprils ist gar nicht schlecht: Sie hilft uns zu üben, das was kommt, dankbar anzunehmen. Die Tage dieser Woche wollen wir der Dankbarkeit widmen und uns immer wieder darauf besinnen, was uns alles an Wertvollem widerfährt. Und was auch kommen mag: In irgendeiner Art und Weise wird es wertvoll für uns sein können – auch wenn wir das manchmal erst viel später verstehen.

Bauernregeln

10.04. ZU EZECHIEL, HUNDERT TAG NACH NEUJAHR,
SÄ' LEINSAMEN, DAS GEDEIHT WUNDERBAR.
14.04. GRÜNE FELDER AM TIBURTIUSTAG,
DIE ZIEHEN VIEL GETREIDE NACH.

Die Inspiration der Woche

Der Begründer der Homöopathie, Samuel Hahnemann, ist ein Mensch, der uns in der vierten Frühlingswoche inspirieren wird – sein Geburtstag ist der 10. April 1755. Nach seiner Lehre gilt *similia similibus curentur,* also »Ähnliches werde mit Ähnlichem geheilt«. Das, was uns krank macht, kann auch wieder heilen; wenn es in »homöopathischer Dosis« angewandt wird. Samuel Hahnemann hat der Heilkunst einen neuen wichtigen Impuls gegeben, der heute noch aktuell ist: Es gilt nicht immer, dass die Wirkung von etwas von der Quantität abhängt – oft ist die Qualität wichtiger. Vielleicht können wir dieses Prinzip ja auch auf unser Leben und die Dankbarkeit anwenden: Indem wir für kleine Dinge dankbar sind, anstatt nur für die großen, bewirken wir mehr für unsere Zufriedenheit und Entwicklung. Nehmen wir weitaus das, was kommt, dankbar an, und verwandeln wir durch annehmende Dankbarkeit alles, was uns widerfährt, in das Heilmittel, dessen unsere Seele bedarf.

Das Neue dankbar anerkennen

Ebenso wie im Frühjahr die Natur die Dunkelheit des Winters vertreibt, so befreit Dankbarkeit unsere Seele von der Dunkelheit der Gleichgültigkeit. Warum ist das so? Weil Dankbarkeit das Helle, Positive in unser Bewusstsein holt und Licht in unsere Tage bringt. Dankbar zu sein heißt, dass wir die Gewohnheit, alles für selbstverständlich zu halten, durchbrechen. Die Sichtweise, nach der die meisten Dinge in unserem Leben »ganz normal« oder »nichts Besonderes« sind, führt zu Gleichgültigkeit und – früher oder später – zu Unzufriedenheit.

Jede Jahreszeit bietet uns die Möglichkeit, dankbar zu sein. Und der Frühling nimmt hierbei im Jahreslauf eine besondere Rolle ein, denn nie ist es so einfach, Demut für das große Ganze zu empfinden, wie zu der Zeit, wo alles Leben neu aufblüht und gedeiht. Dankbar für das Neue zu sein, das sich Tag für Tag ereignet, ist die Aufgabe, die der Frühling für uns bereithält. Vielleicht ist das nicht immer eine einfache Aufgabe – auf jeden Fall aber eine lohnenswerte. Dankbarkeit weitet unseren Blick für das Schöne und Wertvolle und schärft damit zugleich den Blick dafür, dass unser Leben ein Geschenk ist.

Morgensegen

Beginnen Sie die Tage dieser Woche jeweils mit einem Segen, der Sie daran erinnert, dankbar für das zu sein, was Ihnen begegnet. Wenn Sie aufwachen, bleiben Sie noch etwas liegen. Versuchen Sie sich an Ihre Träume zu erinnern – und wenn

Sie sich erinnern können, dann danken Sie Ihrem Traumbewusstsein für diese Erfahrung. Ganz gleich, ob Sie sich Ihre Träume noch einmal angesehen haben oder nicht – legen Sie die Hände auf Ihre Brust. Atmen Sie tief ein und richten Sie Ihre Gedanken auf all das Gute, das Ihnen heute begegnen kann, wenn Sie nur genau hinsehen. Wiederholen Sie siebenmal die Segensworte für diesen Tag:

Ich bin dankbar für das, was war, das, was ist und das, was kommen mag. Ich bin voll Zuversicht, dass auch dieser Tag mit Dingen gesegnet ist, für die ich dankbar sein darf.

Nach jeder Wiederholung atmen Sie einmal tief durch, spüren Sie die Kraft des Segens und freuen Sie sich darauf, was dieser Tag an Geschenken für Sie bereithält.

Abendsegen

Für das folgende kleine Dankbarkeitsritual sollten Sie sich den Frühling symbolisch in Ihr Zimmer holen. Sie brauchen dazu ein Objekt, das Sie an die Kraft der Natur erinnert – das kann ein Blumenstrauß aus Frühlingsblumen, ein Ast eines Forsythienstrauchs oder eine einzelne Blüte sein. Lassen Sie die Blüte in einer schönen Schale, die Sie mit Wasser füllen, treiben. Sie können ein grünes Tuch auf Ihrem »Frühlingsaltar« ausbreiten und eine Kerze, Ihre Blüte oder andere Blumen darauf stellen. Vielleicht wollen Sie ja auch noch etwas Moos, ein Stück Holz, einen schönen Stein dazulegen.

Setzen Sie sich bequem hin, und lassen Sie Ihren Frühlingsschmuck auf sich wirken. Lassen Sie Ihren Blick ganz weit werden. Achten Sie genau auf die Farben, Formen und Strukturen Ihrer Objekte. Schließen Sie dann die Augen.

Holen Sie sich nun jeweils für einige Atemzüge folgende Bilder oder Szenen vor Ihr inneres Auge: Sonne, Wärme, eine lichtdurchflutete Frühlingslandschaft mit blühenden Sträuchern, knospenden Bäumen, auf dem Land oder in der Stadt, Frühlingswiesen, Blumenfelder und bunte Gärten.

Danken Sie innerlich für den Reichtum der Natur. In vielen Teilen der Erde, wo etwa Wüste oder ewiges Eis vorherrschen, gibt es den Frühling mit all seinen Farben und Düften, so wie wir ihn kennen, nicht. Dass wir das Aufblühen des Lebens Jahr für Jahr wieder von Neuem erleben dürfen, ist nicht selbstverständlich. Achten Sie auf alles Neue in Ihrem Leben; und wenn Sie es erkennen, dann danken Sie dafür.

NACHTGEBET

Dankbarkeit verwandelt,
macht kleine Herzen groß,
befreit von Dunkelheit.
Dank dir, liebe Dankbarkeit.

Gesundheit

Die Tage der fünften Woche wollen wir in jeder Jahreszeit, also auch jetzt, im Frühling, dem Thema »Gesundheit« widmen. Zu jeder Jahreszeit sind andere Dinge unserer Gesundheit und unserem Wohlbefinden zuträglich. Die Rhythmen der Natur spiegeln sich im Menschen wider. Im Frühjahr steigt auch die Lebensenergie im Menschen an: Bewegung und kraftvolle Ernährung sind in dieser Zeit wichtig. Wer in sich hineinspürt, merkt genau, was sein Körper braucht. Wir segnen die Tage dieser Woche, indem wir besondern darauf achten, was unserer körperlichen und seelischen Gesundheit guttut.

Bauernregeln

23.04. KOMMT SANKT GEORG
AUF EINEM SCHIMMEL (SCHNEEFLOCKEN!),
KOMMT EIN GUTES FRÜHJAHR VOM HIMMEL.

Die Inspiration der Woche

Für die fünfte Woche des Frühlings habe ich Ida Seele, die als die erste Kindergärtnerin gilt, gewählt. Sie wurde am 20. April 1825 geboren und trat im Alter von 18 Jahren bei dem Begründer der Kindergartenidee Friedrich Fröbel ihre Ausbildung zur Kindergärtnerin an. Warum habe ich Ida Seele für das Thema Gesundheit als Patin gewählt? Nun, weil die frühe Kindheit so wichtig für unsere geistige Entwicklung ist; Fröbel und Seele erkannten das nicht nur, sondern setzten diese Einsicht auch in die Tat um. Und wir können uns diese Woche darauf besinnen, wie wichtig unsere Kindheit und die Sorge um unser inneres Kind für unsere seelische Gesundheit sind.

Gut auf sich selbst achtgeben

Die vitalen, belebenden Kräfte des Frühlings haben eine heilende Wirkung. Gesundheit entsteht oft erst dann, wenn unsere Energien in Körper und Seele frei fließen. Doch aus unterschiedlichen Gründen ist das oft nicht der Fall, und es kommt zu Blockaden, die zu Beschwerden oder Erkrankungen führen können. Unsere Aufgabe besteht nicht darin, uns selbst zu heilen; dies können wir getrost der Macht der Natur oder Gott überlassen. Vielmehr sollten wir möglichst gute Voraussetzungen dafür schaffen, dass die lichten Kräfte des Frühlings unseren Organismus und unseren Geist durchströmen können. Das können wir durch so naheliegende Dinge, wie mehr Bewegung an der frischen Luft oder durch eine vital- und vitaminreiche Ernährung unterstützen. Eine Umstellung der Ernährung von Winterkost auf leichte Küche kann gerade in diesen Tagen notwendig sein. Auch Fastenkuren sind im Frühling besonders wirkungsvoll, doch Sie müssen nicht streng fasten und gar nichts mehr essen: Oft ist es besser, einfach einige Tage lang ganz auf Alkohol, Zucker und Fleisch zu verzichten. Sie selbst spüren am besten, was Sie brauchen, um sich wohl zu fühlen. Und genau darauf kommt es letztlich an – dass Sie diese Tage nutzen, um auf sich zu achten und gut für sich zu sorgen.

Morgensegen

Beginnen Sie die Tage dieser Woche mit einem Segensgedanken, der Sie auf den Tag einstimmt. Wenn Sie aufwachen, dann nehmen Sie sich im Bett noch etwas Zeit. Gehen Sie in Gedanken Ihren Körper von den Zehen bis zum Scheitel durch. An fünf Stationen – 1. Beine, 2. Becken und Bauch, 3. Brust, 4. Schulter, Hals und Mund, 5. Kopf – halten Sie jeweils kurz inne und wiederholen jeweils dreimal die Segensworte für diesen Tag:

Gesundheit durchdringt mich wie ein Licht, das das Dunkel vertreibt. Gesegnet sei dieser Tag.

Nach jeder Wiederholung atmen Sie einmal tief durch. Achten Sie auf die Wirkung des Segens und sorgen Sie heute gut für sich selbst.

Abendsegen

Sorgen Sie für eine harmonische Atmosphäre: Zünden Sie eine Kerze an. Träufeln Sie zwei bis drei Tropfen Lavendel- oder Rosmarinöl in eine Duftlampe und lassen Sie die ätherischen Öle im Raum verdampfen.

– Legen Sie sich dann auf Ihr Sofa, decken Sie sich zu und schließen Sie die Augen. Legen Sie die Hände auf den Bauch und folgen Sie der Atembewegung, ohne etwas zu verändern oder zu forcieren.

– Stellen Sie sich nun einige Fragen:

– Sorge ich gut für mich? Tue ich genau die Dinge, von denen ich weiß, dass sie förderlich für mich sind – oder gäbe es Korrekturbedarf?

– Ist meine Ernährung geeignet, Körper und Seele etwas Gutes zu tun? Gibt es Nahrungsmittel, die ich öfter zu mir nehmen möchte und andere, auf die ich wenigstens eine Zeit lang verzichten will?

– Brauche ich mehr Bewegung? Sollte ich meinen Körper mehr fordern oder wäre es im Gegenteil wichtig, sanfter mit mir umzugehen und andere Arten der Bewegung auszuprobieren?

– Gelingt es mir, regelmäßig für kleine Entspannungsphasen zu sorgen, in denen ich wieder zur Ruhe kommen kann? Und wenn nicht: Was ist so wichtig, dass ich dafür meine Gesundheit und meine Gelassenheit riskiere?

In dieser Woche sollten Sie den Tag, wann immer Sie die Möglichkeit dazu haben, mit einem kurzen Spaziergang abschließen.

NACHTGEBET

Gesundheit ist mehr
als nur nicht krank sein.
Gesundheit ist
wenn ich mit mir im Gleichklang bin.

Neu geboren werden

Die Tage der sechsten Frühlingswoche sind dem Thema »Neugeburt« gewidmet. Eine Neugeburt erlebt jeder Mensch – und zwar in aller Regel mehr als einmal, am Anfang seines Lebens. Wenn wir Glück haben, werden wir immer wieder neu geboren, erleben die Welt als eine großartige Neuigkeit und bewahren den kindlich-staunenden Blick auf die Welt und das Wunder des Lebens. Manchmal scheint es, als wären wir gefangen in einem grauen Alltag. In diesen Tagen besinnen wir uns darauf, dass wir wirklich täglich neu geboren werden und diesen Tag als Beginn eines neuen Lebens betrachten können.

Bauernregeln

24.04. WENN'S FRIERT AN SANKT FIDEL,
BLEIBT'S 15 TAG NOCH KALT UND HELL.
25.04. WER ERST ZU MARKUS LEGT DIE BOHNEN,
DEM WIRD ER'S REICHLICH LOHNEN;
DOCH GERSTE, DIE SEI LÄNGST GESÄT,
DENN NACH DEM MARKUS IST'S ZU SPÄT.
27.04. WENN AN SANKT PETER DAS WETTER SCHÖN,
KANNST DU KOHL UND ERBSEN SÄ'N.
28.04. FRIERT'S AN SANKT VITAL,
FRIERT'S WOHL NOCH 15 MAL.
30.04. REGEN AUF WALPURGISNACHT
HAT STETS EIN GUTES JAHR GEBRACHT.

Die Inspiration der Woche

»Empfinde keinen Ekel, laß deinen Eifer und Mut nicht sinken, wenn es dir nicht vollständig gelingt, alles nach richtigen Grundsätzen auszuführen; fange vielmehr, wenn dir etwas mißlungen ist, von neuem an …«, schrieb unser Inspirations-Pate für die sechste Woche des Frühlings, der römische Kaiser und Philosoph Marc Aurel, der am 26. April 121 geboren wurde.

Jeder Tag ist wie eine Geburt: Diese Woche wollen wir diesem ständigen Neuanfang widmen und uns bewusst werden, dass jeder Tag der erste Tag von etwas Neuem ist.

Jeder Tag ein neues Leben

Mit der Geburt beginnt unser Dasein, mit dem Tod endet es. Doch auch innerhalb unserer Lebensspanne bewegen wir uns zwischen diesen beiden Polen auf vielen Ebenen. Werden und Vergehen, Kommen und Gehen, Tag und Nacht, Ein- und Ausatmen wechseln einander immerwährend ab. Und ebenso folgt eine Jahreszeit auf die andere. Während der Winter oft mit dem Tod assoziiert wird, gilt der Frühling seit je als die Zeit der Neugeburt. Der Frühling markiert den Anfang des Jahres. Er macht alles neu. Und gerade im Frühling erkennen wir leicht, dass unser Leben, ja sogar jeder einzelne Augenblick die Chance einer Neugeburt bietet.

Stellen Sie sich vor, Sie könnten noch einmal ganz von vorne anfangen. Richten Sie Ihre Aufmerksamkeit dabei jedoch nicht auf mögliche Fehler, die Sie in der Vergangenheit gemacht oder Verletzungen, die Sie erfahren haben mögen, sondern konzentrieren Sie sich auf das Positive: Nehmen Sie sich etwas Zeit, die wichtigsten Stationen Ihres Lebens Revue passieren zu lassen und dann überlegen Sie: Was würden Sie ändern, wenn Sie noch einmal leben könnten? Was würden Sie anders machen? Welche Gewohnheiten würden Sie ablegen, welche annehmen wollen?

Und nun stellen Sie sich vor, dass all das in Ihren Händen liegt – denn tatsächlich ist es so. In jedem Moment Ihres Lebens und mit jedem Tag, der anbricht, werden Sie neu geboren. Und gerade jetzt, in diesem Moment, können Sie sich dieser Tatsache bewusst werden.

Morgensegen

Jeder Tag dieser Woche kann für Sie der Anfang eines neuen Lebens sein. Wenn Sie aufwachen, sollten Sie sich noch eine Minute Zeit für einen Segensgedanken nehmen, der Ihnen die Einzigartigkeit jedes Moments klar macht und Sie auf den Tag einstimmt. Bevor Sie aufstehen, können Sie Ihre Hände auf den Bauch legen und beobachten, wie sich der Bauch mit dem Atmen sanft hebt und senkt. Wiederholen Sie im Rhythmus des Atems dreimal die Segensworte für diesen Tag, immer einatmend – ausatmend:

》》 *Dieser Tag – ist ein neuer Anfang – Jeder Augenblick – gibt mir neue Chancen – Voll Freude – empfange und segne ich den Tag.* **《《**

Wenn Sie die Segensworte dreimal wiederholt haben, atmen Sie noch einmal tief durch. Spüren Sie die Kraft des Segens und blicken Sie dem, was dieser Tag, mit dem der Rest Ihres Lebens beginnt Ihnen bringen wird, mit Freude entgegen.

Abendsegen

– Lüften Sie das Zimmer gut durch. Stehen Sie aufrecht – die Beine sind etwa schulterbreit auseinander, die Arme hängen locker neben dem Körper.
– Atmen Sie einige Male entspannt durch. Während Sie nun tief und langsam ausatmen, schließen Sie die Augen, lassen den Kopf nach vorne sinken, die Schultern nach vorne hängen und machen den Rücken ein bisschen rund.

- Mit dem Einatmen öffnen Sie die Augen, richten Kopf und Wirbelsäule wieder auf und heben die Arme in einem Halbkreis seitlich nach oben. Am Ende der Einatmung blicken Sie nach oben und die Fingerspitzen zeigen zur Decke.
- Lassen Sie die Arme dann ausatmend wieder sinken und entspannen Sie sich einige Atemzüge lang, bevor Sie die Übung dann ein zweites und drittes Mal wiederholen.

Die beschriebene Gebärde der Neugeburt hat zwei Phasen. In der ersten lassen Sie sich gewissermaßen hängen und machen sich klein und eng. In der zweiten erwachsen Sie aus der Dunkelheit, strecken den Körper und wenden sich dem Licht zu, indem Sie die Augen wieder öffnen. Machen Sie sich bewusst, dass das Sichöffnen eine Neugeburt repräsentiert und Sie dabei viel Energie aufnehmen können.

NACHTGEBET

Jeden Tag, jede Stunde
werde ich neu geboren.
Und so ist jeder Augenblick
der Anfang eines neuen Lebens.

Freundschaften pflegen

»Freundschaft« ist das, was die Tage der siebten Frühlingswoche, die Mitte des Frühlings, segnet. Das heißt, hoffentlich segnet Freundschaft nicht nur diese Tage, sondern unser ganzes Leben! Freunde erweitern das Leben, wenn man an ihrem Leben und sie an dem eigenen teilnehmen. Durch Freunde wird die Welt ein wärmerer und *freund*licherer Ort. Es gibt ein altes Lied der Comedian Harmonists, das ich immer wieder gern höre: »Ein Freund, ein guter Freund, das ist der größte Schatz, den es gibt auf der Welt!« An diesen Tagen besinnen wir uns einmal ganz deutlich auf das Geschenk der Freundschaft.

Bauernregeln

01.05. FÄLLT REIF AM 01. MAI,
BRINGT ER IM FELD VIEL SEGEN HERBEI.
03.05. ZU PHILIPPI UND JAKOBI REGEN
BEDEUTET GROSSEN ERNTESEGEN.
07.05. AUS TRÄNEN DES SANKT STANISLAUS,
DA WERDEN BLANKE TALER DRAUS.

Die Inspiration der Woche

In der siebten Frühlingswoche, die der Freundschaft geweiht ist, soll uns der Dichter Novalis, der am 02. Mai 1772 geboren wurde, als Inspiration dienen. In seinem kurzen Leben schloss er viele Freundschaften – mit Goethe, Schiller, Herder, Jean Paul, Ludwig Tieck. Sicher war Novalis bewusst, wie wichtig Freundschaften sind, da sie für Inspiration sorgen und es uns erst ermöglichen, uns gegenseitig zu unterstützen und uns mitzuteilen. So waren es denn auch seine Freunde, die seine Werke nach seinem Tod veröffentlichten, wodurch er unsterblich wurde. Lassen wir uns von Novalis, oder Georg Philipp Friedrich von Hardenberg, wie er bürgerlich hieß, inspirieren und rufen uns die Bedeutung der Freundschaft ins Herz.

Nähe zulassen

»Es gibt nur einen Weg, Freunde zu gewinnen: selbst einer zu sein.« Dieser Satz von Ralph Waldo Emerson birgt ein tiefes

51

Geheimnis. Wer von uns wünschte sich nicht Freunde, mit denen wir auch schwere Zeiten überstehen und auf die wir uns unter allen Umständen verlassen können? Wahre Freundschaften sind von Wohlwollen und Mitgefühl geprägt, von Nähe und Vertrauen. Dennoch ist es manchmal alles andere als leicht, Freunde zu gewinnen.

Oft führen äußere Faktoren wie Trennung, Umzug, Streit oder Tod dazu, dass wir Freunde verlieren. Doch auch unsere eigene Angst vor Ablehnung oder mangelnde Offenheit stehen engen Freundschaften immer wieder im Wege. Um die Freundschaft zu anderen zu pflegen, müssen wir zunächst die Freundschaft zu uns selbst pflegen. Erst wenn wir uns selbst – mit allen Fehlern und Schwächen – liebevoll annehmen können, werden wir auch andere ins Herz schließen können. Denn dann werden wir erkennen, dass auch sie zuweilen ängstlich, traurig oder einsam sind und unserer Unterstützung bedürfen.

In diesen Tagen können Sie sich folgende Fragen stellen: Bin ich wirklich für meine Freunde da? Ist es möglich, Freundschaften zu vertiefen? Was hindert mich daran, auf andere zuzugehen? Wovor habe ich Angst? Welche Qualitäten müsste ich entwickeln, um mich noch tiefer auf andere einlassen zu können?

Morgensegen

Wenn Sie an den Tagen dieser Woche aufwachen, so nehmen Sie sich vor dem Aufstehen eine Minute Zeit, um sich mit einem Segensgedanken zur Freundschaft auf den Tag einzustimmen. Legen Sie die Hände über Ihr Herz, und richten Sie Ihre Gedanken nacheinander auf drei Freunde – oder auf einen. Wenn Sie in der traurigen Lage sind, im Augenblick keinen Menschen Ihren Freund nennen zu können, dann richten Sie Ihre Herzgedanken auf Ihren inneren Freund, den Teil von Ihnen, der Sie nicht bewertet und beurteilt, sondern bedingungslos annimmt. Wiederholen Sie dann jeweils siebenmal die Segensworte für diesen Tag:

 Freundschaft wärmt das Herz. Freundschaft segne diesen Tag.

Nach jeder Wiederholung atmen Sie tief durch. Spüren Sie die Kraft des Segens und öffnen Sie sich für das, was dieser Tag Ihnen bringen wird.

Abendsegen

In dieser Woche können Sie sich auf zweierlei Weise mit dem Thema Freundschaft beschäftigen. Nehmen Sie alte Verbindungen neu auf: Setzen Sie sich bequem auf Ihr Sofa, zünden Sie eine Kerze an und denken Sie darüber nach, welche Verbindungen Sie neu aufleben lassen möchten. Wen möchten Sie noch heute oder morgen anrufen oder besuchen? Wen wollten Sie schon lange einmal wieder kontaktieren? Es genügt, kurz anzurufen und zu hören, wie es dem anderen geht. Gehen Sie achtsam auf den anderen Menschen zu und hören Sie ihm genau zu. Oder Sie könnten einen Freundschaftsbrief schreiben. Im Zeitalter von E-Mails mag es altmodisch erscheinen – und doch ist der handgeschriebene Brief an einen Freund oder eine Freundin besonders wertvoll. Briefe lassen Freundschaften lebendig bleiben. Die Brieffreundschaften zwischen Künstlern, Politikern oder Wissenschaftlern haben unsere Kultur geprägt. Der Schriftsteller Konstantin Raudive schrieb: »Menschen, die keine Briefe gewechselt haben, kennen sich nicht.« Schreiben Sie mit Füller auf Papier – und lassen Sie Ihr Herz sprechen. Schildern Sie kurz, was Sie bewegt, und laden Sie Ihren Freund oder Ihre Freundin ein, Ihnen zu antworten.

NACHTGEBET

Freundschaft ist mehr wert
als Reichtum, Macht und Können.
Was wär'n wir ohne Freunde
und wenn wir auch die Welt gewönnen?

Das Vergangene anerkennen

Wir sind nun in der zweiten Hälfte des Frühjahrs, in der achten Frühlingswoche. Das ist eine gute Zeit, sich der Dinge zu entsinnen, die bisher in diesem Jahr geschehen sind. Sie sind nicht einfach nur geschehen, sondern sie haben uns, haben unsere Welt verändert – manchmal nur ganz wenig, manchmal ganz deutlich. Wir segnen die Tage dieser Woche, indem wir das Vergangene anerkennen, und begreifen, wie sich unsere Vergangenheit auf den Augenblick auswirkt. Jeden Tag dieser Woche können wir dabei neue Einsichten gewinnen.

Bauernregeln

(11.05.–15.05. DIE EISHEILIGEN: MAMERTIUS,
PANKRATIUS, SERVATIUS, BONIFATIUS, SOPHIA)
10.05. PFLANZ ERST DIE BOHNEN DANN, WENN
SANKT GORDINAN ZIEHT VORAN. (SCHWENDTAG!)
11.05.–13.5. MAMERTIUS, PANKRATIUS, SERVATIUS
BRINGEN KÄLTE, FROST, VERDRUSS.
14.05. WER SEINE SCHAFE SCHERT VOR BONIFAZ,
DEM IST DIE WOLL' LIEBER ALS DAS SCHAF.

Die Inspiration der Woche

Johann Peter Hebel (10.05.1760–22.09.1826) ist unser Begleiter für die achte Frühlingswoche. Er war Theologe, Pädagoge, vor allem aber ein Begründer der Mundartliteratur. Damals war es noch schwerer als heute, einen Verlag für ein Buch zu finden, das nicht in Hochdeutsch, sondern in einer Mundart verfasst wurde, in Hebels Fall dem Alemannischen. Johann Peter Hebel gemahnt uns daran, dass das Altüberlieferte und damit auch unsere Sprachen und Dialekte einen eigenen Wert haben; wie wichtig es ist, das Vergangene anzuerkennen und Traditionen lebendig zu erhalten.

Akzeptieren, was ist

Der Mai ist ein lichter, kraftvoller Monat. Daher eignet er sich gut dafür, auch einmal zurückzuschauen. Gerade wenn wir viel Dunkelheit erlebt haben, ist es hilfreich, das Vergangene aus einer Position des Lichts zu betrachten. Manchmal ist es nicht leicht, zurückzublicken. Wenngleich es sicher viele schöne Augenblicke in unserem bisherigen Leben gab, so mussten wir auch Phasen überstehen, die von Verlust, Verletzungen und Enttäuschungen geprägt waren. Und doch ist es wichtig, den Blick gelegentlich auf unsere Vergangenheit zu werfen – nicht um uns darin zu verlieren, sondern um zu erkennen, wie sie uns geprägt hat und uns zu dem gemacht hat, was wir sind. Gehen Sie sanft mit Ihrer Vergangenheit und mit sich selbst um. Nur durch vergangene Erfahrungen stehen Sie heute da, wo Sie sind; von hier aus kann es Ihnen gelingen, sich Ihre Herzenswünsche zu erfüllen und Ihr Potenzial zum Erblühen zu bringen. Vielleicht erkennen Sie das alles sehr schnell. Vielleicht – und das ist wahrscheinlicher – müssen Sie sich aber auch bewusst immer wieder etwas Zeit nehmen, um die Zusammenhänge klar zu sehen.

Morgensegen

Der Segensgedanke für diesen Tag lautet:

....

 Alles, was war, hilft mir, meinen Herzensweg zu finden. Ich erkenne meine Vergangenheit an. Möge dieser Tag gesegnet sein.

....

Nachdem Sie aufgewacht sind, nehmen Sie sich noch ein wenig Zeit, bevor Sie aufstehen. Machen Sie sich kurz bewusst, was der letzte Tag gebracht hat und was Sie daraus lernen konnten. Grübeln Sie jedoch nicht lange darüber nach, sondern machen Sie es sich nur kurz bewusst. Legen Sie die Hände dann über Ihr Herz, atmen Sie tief durch und wiederholen Sie fünfmal die Segensworte für diesen Tag, entspannen sich und spüren die Kraft des Segens.

Abendsegen

Für dieses kleine Ritual sollten Sie einen Kreis ziehen oder besser gesagt markieren. Legen Sie einige Objekte, die Sie in der Natur gesammelt haben, kreisförmig auf den Boden Ihres Zimmers. Der Kreis kann von Steinen, Wurzeln, Blumen oder Ähnlichem markiert werden – es genügt, wenn er groß genug ist, dass Sie in seiner Mitte sitzen können.

- Stellen Sie sich nun außerhalb des Kreises, legen Sie die Hände auf Ihre Brustmitte und betrachten Sie den Kreis – er symbolisiert das Jetzt. Der Bereich außerhalb des Kreises repräsentiert die Vergangenheit.
- Schließen Sie die Augen und lassen Sie Ihr Leben im Schnelldurchlauf noch einmal vor Ihrem inneren Auge ablaufen. Reisen Sie durch die Phasen Ihrer Kindheit, Ihrer Jugend und der letzten Jahre. Wenn es Situationen gab, die besonders einschneidend für Sie waren, so betrachten Sie diese kurz, ohne das, was war, zu verurteilen oder zu bewerten.
- Öffnen Sie die Augen, treten Sie achtsam in den Kreis und setzen Sie sich in seiner Mitte auf den Boden oder ein Kissen. Schließen Sie erneut die Augen und ent-

spannen Sie sich. Meditieren Sie dann über folgende Sätze:

– »Was passiert ist, ist passiert. Es gibt keine Möglichkeit, das zu ändern. Ich erkenne, dass es gute und belastende Dinge in meinem Leben gab.«

– »Ich atme ein und akzeptiere alles, was geschehen ist. Ich atme aus und lasse los.« (Wiederholen Sie diese beiden Sätze mehrere Male.)

– »Im Kreis des Seins kann ich mich geborgen fühlen, und ich erfahre die Fülle und Kraft des jetzigen Augenblicks.«

NACHTGEBET

Ich blicke zurück,
ohne Urteil, ohne Groll,
einzig um zu erkennen,
wie ich wurde, wer ich bin.

Das Dunkle
loslassen

An den Tagen der neunten Woche des Frühjahrs wollen wir den Tag segnen, indem wir »Das Dunkle loslassen« und uns unserer lichtvollen Natur bewusst werden. Es ist ja leider gar nicht so selten, dass Menschen in einem dunklen Tal der Seele wandeln. Manchmal kennen sie den Grund dafür, dass sie dort sind, manchmal kommt die Dunkelheit aber auch ganz unvermutet. Wir sind dem Dunklen jedoch nie ganz ausgeliefert – wir richten den Blick nach oben, zu den hellen Gipfeln, und machen uns auf den Weg hinauf. Wichtig dabei ist es, die Dunkelheit ziehen zu lassen und zu erkennen, dass in uns Licht ist.

Bauernregeln

15.05. PFLANZE NIE VOR DER KALTEN SOPHIE.
16.05. LACHT ZU NEPOMUK DIE SONNE,
GERÄT DER WEIN IM HERBST ZUR WONNE.

Die Inspiration der Woche

Elisa von der Recke (20.05.1754–13.04.1833), unsere Inspiration der neunten Frühlingswoche, kennt heute kaum noch jemand. Ihre Lebensgeschichte ist jedoch ein gutes Beispiel dafür, wie es mit Vertrauen und Kraft trotz widrigster Umstände gelingen kann, sein Leben zu verbessern.

Im Fall von Elisa von der Recke waren es mehrere Dinge, die sie überwinden musste: Frauen hatten es zu ihrer Zeit generell schwer, unabhängig und anerkannt zu sein. Doch hinzu kam, dass sie, obwohl sie die Tochter eines Reichsgrafen war, keine Bildung erhielt. Ihre Eltern starben früh, und die Großmutter verbot ihr zu lesen und verheiratete die gerade 17-Jährige aus Standesgründen mit einem alten Kammerherrn. Doch Elisabeth ließ sich scheiden, eignete sich Bildung an, schrieb Streitschriften (für die sie sogar die Anerkennung Katharinas der Großen bekam) und korrespondierte mit geistigen Größen ihrer Zeit. Nehmen wir sie aus diesem Grund als Inspiration, das Dunkle aus unserer Vergangenheit (und Gegenwart) loszulassen und selbstbestimmt voranzuschreiten in eine lichtere Zukunft.

Eine Frage der Ausrichtung

Es gibt Phasen im Leben, in denen wir viel Freude und Nähe erleben – doch leider gibt es auch Zeiten der Dunkelheit. Etwa dann, wenn wir unter depressiven Stimmungen leiden oder uns einsam und verzweifelt fühlen. Manches müssen wir durchleben, um zu wachsen, und dann müssen wir durch die Dunkelheit gehen. Doch oft lässt sich auch vermeiden, dass sich ein dunkler Schatten über unsere Seele legt, denn wir haben die Macht, unser Bewusstsein gezielt auszurichten – etwa auf das Positive, Helle und Lichte.

Im Frühjahr erwachen die Kräfte des Lichts, und wir können uns das zunutze machen, indem wir uns immer wieder darauf besinnen. Richten wir unsere Aufmerksamkeit auf die Menschen, die uns nahestehen, auf die kleinen Dinge, für die wir dankbar sein können, auf die Kraft der Sonne. Auch Tanz, Bewegung oder Musik können wir nutzen, um das Dunkle loszulassen.

Morgensegen

An den Tagen dieser Woche sollten Sie ein wenig früher als sonst aufstehen – und wenn es nur ein paar Minuten sind. Stehen Sie möglichst sofort auf, wenn Sie aufwachen, gehen Sie zu einem Fenster und öffnen Sie es. Ganz gleich, wie das Wetter ist – lassen Sie frische Luft ins Zimmer und nehmen Sie Kontakt zur Natur auf. Blicken Sie in den Himmel. Wenden Sie Ihre Handfläche nach vorn und wiederholen siebenmal die Segensworte für diesen Tag:

Das Dunkle flieht vor dem Licht in mir. Das Lichte segnet diesen Tag.

Nach jeder Wiederholung schließen Sie kurz die Augen und atmen einmal tief durch. Stellen Sie sich dabei vor, wie beim Ausatmen Dunkelheit aus Ihnen herausströmt und wie beim Einatmen Licht Ihren ganzen Leib erfüllt. Genießen Sie die Kraft des Segens und freuen Sie sich auf das, was dieser Tag bringen mag.

Abendsegen

In diesen Tagen lade ich Sie ein, sich die Heilkraft der Musik zunutze zu machen, um Ihre Seele mit Licht zu erfüllen. Nehmen Sie sich täglich einige Minuten Zeit, um bewusst Musik zu hören. Die Wirkung wird umso deutlicher sein, je aktiver Sie zuhören. Denn nur wenn Sie Ihre »Feinhörigkeit« entwickeln, kann die Musik ihre ganze Heilkraft entfalten.

– Wählen Sie eine freudige, lichtvolle und energiegeladene Musik aus. Sie können Welt- oder Meditationsmusik hören oder klassische Musik. Letztere birgt viele Geheimnisse und wirkt sich stark auf das Unterbewusstsein aus. Einige Vorschläge für Musikstücke, die Ihnen dabei helfen, sich auf das Lichte auszurichten, finden Sie weiter unten.

– Schalten Sie Ihre Stereoanlage ein und machen Sie es sich bequem. Schließen Sie die Augen, lassen Sie Ihren Atem entspannt kommen und gehen und versuchen Sie, sich ganz in den Klang der Musik hineinfallen zu lassen.

– Versuchen Sie, die Musik wertfrei zu hören, ohne sie zu analysieren oder zu urteilen, ob Ihnen diese Stelle gefällt oder nicht. Spüren und erleben Sie einfach nur, was die Musik in Ihnen bewirkt.

– Verändert sich Ihr Atem? Können Sie spüren, dass Ihr Körper sich entspannt? Und wie wirkt sich die Musik auf Ihre Gefühle und Ihre Stimmung aus? Bleiben Sie noch einige Zeit entspannt liegen oder sitzen, bevor Sie sich wieder dem Alltag zuwenden.

Geeignete Musikstücke

Praetorius, M.: Terpsichore

Bach, J. S.: Brandenburgisches Konzert Nr. 1 F-Dur (BWV 1046), 1. Satz: Allegro, 3. Satz: Allegro

Bach, J. S.: Brandenburgisches Konzert Nr. 5 D-Dur (BWV 1050), 2. Satz: Affetuoso

Bach, J. S.: Brandenburgisches Konzert Nr. 6 B-Dur (BWV 1051), 2. Satz: Adagio ma non tanto, 3. Satz: Allegro

Vivaldi, A.: Der »Frühling« aus »Die vier Jahreszeiten«

Elgar, E.: Pomp and Circumstance, Orchestermärsche op. 39

Dvorák, A.: Slawische Tänze op. 46

Brahms, J.: Ungarische Tänze, Nr. 1, 3 und 10

Brahms, J.: 4. Symphonie e-Moll op. 98, 3. Satz: Allegro giocoso, 4. Satz: Allegro energico e passionato

NACHTGEBET

Die Dunkelheit berührt mich nicht,
denn in mir ist ein Quell,
macht meine Seele hell
und füllt mein Herz mit Licht.

65

In Bewegung
kommen

Die Tage der zehnten Frühlingswoche sind dem Thema »In Bewegung kommen« gewidmet. Wir besinnen uns an diesen Tagen darauf, dass wir, solange wir leben, in Bewegung sind. Das gilt auch für Gedanken und Gefühle: Sie müssen in Bewegung sein, um lebendig zu bleiben. Tatsächlich ist Leben ohne jede Bewegung gar nicht vorstellbar: Das Blut strömt, die Elektrizität läuft durch die Nervenbahnen, die Gedanken ziehen dahin … Wenn all das still steht, nennen wir das Tod. Und daher wollen wir uns der Bewegung widmen: der Bewegung, die das Leben ist.

Bauernregeln

25.05. SCHEINT SONNE AM URBANITAG,

WÄCHST GUTER WEIN, WIE MAN IHN MAG.

WENN ES ABER REGNET, IST NICHTS GESEGNET.

Die Inspiration der Woche

Der Flugpionier Otto Lilienthal war nach allem, was wir wissen, der erste Mensch, der erfolgreich und wiederholt mit einem Gerät flog, das schwerer als Luft war. Am 23. Mai 1848 wurde Lilienthal in Preußen geboren und schien schon als Kind vom Fliegen fasziniert gewesen zu sein. Er begann damit, erst kleine Modelle, dann immer größere und tragfähigere zu bauen, und schließlich gelang es ihm, selbst zu fliegen – und er gründete die erste Flugzeugfabrik der Welt. Natürlich ist Otto Lilienthal schon allein deswegen eine Inspiration für das »In-Bewegung-Kommen« – doch auch auf sozialem Gebiet brachte er Dinge in Schwung: In seiner Fabrik wurden die Arbeiter mit 25 Prozent am Gewinn des Unternehmens beteiligt! Wir müssen keine großartigen Dinge erfinden oder Neuerungen einführen, um in Bewegung zu kommen. Doch wenn wir nicht stehen bleiben wollen, dürfen wir nicht auf der Stelle treten.

Entspannt aktiv sein

Bewegungsmangel schadet unserer körperlichen und seelischen Gesundheit. Trägheit, Erschöpfung und Lustlosigkeit sind dafür verantwortlich, dass die meisten von uns sich heute viel zu wenig bewegen. Oder sollten wir besser umgekehrt sagen: Gerade *weil* wir uns so wenig bewegen, werden wir träge, erschöpft und lustlos?

Alles, was lebt, ist in ständiger Bewegung. Ein Mangel daran führt dazu, dass sich die Lebensenergie erschöpft. Doch warum fällt es vielen so schwer, in Bewegung zu kommen? Der Grund dafür liegt wohl darin, dass wir Bewegung oft irrtümlich mit Anstrengung oder gar Stress gleichsetzen – doch im Grunde ist genau das Gegenteil der Fall: Einerseits ist Bewegung ein gutes Heilmittel gegen Stress, andererseits muss sie überhaupt nicht anstrengend sein. Der Fluss fließt ohne Anstrengung, der Wind weht ohne Mühe, und auch unser Herz, das ja in ständiger Bewegung ist, schlägt, ohne dass uns das Stress bereiten würde.

Der Schlüssel zu einem vitaleren, motivierteren Leben liegt darin, körperliche Aktivität nicht mit Mühe gleichzusetzen. Bewegung ist ein Grundprinzip des Lebens – also nichts Besonderes. Um sich mehr zu bewegen, brauchen Sie keine Sportschuhe. Sie können öfter mal eine Runde durch den Park gehen, aufs Rad steigen oder die Treppe benutzen – doch was Sie auch tun, tun Sie es mit Freude und entspannt.

Je öfter Sie in Bewegung kommen, desto lebendiger und wohler werden Sie sich fühlen. Ebenso wichtig wie körperliche Bewegung ist es aber, dass auch Ihr Intellekt und Ihre Gefühle regelmäßig in Schwingung kommen, da Stillstand auch hier zu Leere führt. Um Ihre Gefühle und Gedanken auf heilsame Weise in Schwung zu bringen, brauchen Sie Inspiration. Und glücklicherweise bietet jeder Tag Gelegenheit dazu. Manchmal müssen wir allerdings etwas genauer hinsehen, um das erkennen zu können.

Morgensegen

Wenn Sie aufwachen, nehmen Sie sich Zeit, bevor Sie aufstehen. Halten Sie Ihren Körper kurz ganz still – und beginnen Sie dann, sich ganz langsam und bewusst zu strecken und zu rekeln. Lassen Sie die Bewegungen immer weiter werden. Dann entspannen Sie sich kurz, spüren der Wirkung der Bewegung nach und wiederholen dreimal die Segensworte für diesen Tag:

 Bewegung ist Leben – so lasse ich Bewegung in mein Leben kommen. Gesegnet sei dieser Tag.

Nach jeder Wiederholung atmen Sie einmal tief durch, spüren die Kraft des Segens und freuen sich auf das, was dieser Tag Ihnen bringen wird.

Abendsegen

Für die folgende Meditation empfehle ich Ihnen, einige Tropfen Nelken- oder Rosmarinöl in der Duftlampe im Raum zu verdampfen. Beide ätherischen Öle wirken auf seelischer Ebene anregend und inspirierend. Setzen Sie sich entspannt hin. Schließen Sie die Augen, und lassen Sie den heutigen Tag noch einmal innerlich ablaufen.

– Gibt es in Ihrem beruflichen oder privaten Alltag Möglichkeiten, sich körperlich mehr zu bewegen, indem Sie beispielsweise bestimmte Wege zu Fuß zurücklegen?

– Können Sie emotional in Bewegung kommen, indem Sie Ihre Sinne wecken, sich mehr verwöhnen, öfter Musik hören, kreativ werden, gute Bücher lesen oder andere Menschen unterstützen?

– Können Sie für »intellektuelle Bewegung« sorgen, zum Beispiel indem Sie Ihr Wissen erweitern, eine Sprache lernen oder sich mit Philosophie beschäftigen?

– Wie können Sie mitten in Ihrem Leben aktiver werden, ohne sich dabei jedoch überanstrengen zu müssen?

NACHTGEBET

Stillstand ist nie Stille.
Alles fließt, auch du.
In Bewegung ruht mein Wille,
und im Sturm komm ich zur Ruh.

Wachstum geschehen lassen

Die Tage der elften Frühlingswoche sind dem Thema »Wachstum« gewidmet. Wir besinnen uns an diesen Tagen darauf, dass wir ständig wachsen – es ist an uns, unser Wachstum zu fördern und in gesunde Bahnen zu lenken. In der letzten Woche ist uns deutlich geworden, dass Bewegung das Leben ausmacht. Doch das ist noch nicht das Ende der Geschichte, denn mit Sinn erfüllt wird das Leben erst, wenn wir es nutzen, um als Menschen seelisch zu wachsen, um unser Menschsein zu verwirklichen. Die Tage dieser Woche weihen wir daher unserem seelischen Wachstum.

Bauernregeln

31.05. HAFER, GESÄT AN PETRONELLA,
WÄCHST SEHR GERNE, GUT UND SCHNELLER.
01.06. IST'S AN FORTUNATUS KLAR,
GIBT'S EIN GUTES ERNTEJAHR.

Die Inspiration der Woche

Für die elfte Frühlingswoche wählen wir als Inspiration den
Gründer des Jesuitenordens, Ignatius von Loyola (31.05.1491–
31.07.1556). Seine Person ist eine hervorragende Inspiration,
wenn es darum geht, unser inneres Wachstum zuzulassen. Er
wurde als Adliger geboren und wurde zunächst Soldat. Doch
während der Italienkriege erlebte er eine geistige Wende: Er
kam nach einer Verletzung in ein Kloster, als Ritter und Edel-
mann – und verließ es als Bettler und Pilger. Schließlich gründete er unter großen Schwierigkeiten und von der Inquisition
verfolgt, den Jesuitenorden, dessen Angehörige keine Ordens-
kleidung tragen oder in Klöstern wohnen, sondern sich ganz
auf die spirituelle Entwicklung konzentrieren.

Wachstum geschehen lassen

Wenn Kinder wachsen, können wir ihnen geradezu dabei zu-
sehen. Gestern waren sie noch im Kindergarten, heute stehen
sie bereits vor dem Schulabschluss, studieren und kurz darauf
haben sie eine Familie gegründet. So scheint es uns zumindest.

Im Frühling lässt Wachstum sich auch in der Natur gut beobachten. Es ist erstaunlich, wie schnell das Leben sprießt und erblüht; doch es gibt auch Dinge, die sehr langsam wachsen – manche Baumarten können beispielsweise mehrere Hundert Jahre alt werden.

Ebenso wie Bäume, befinden auch wir uns in ständigem Wachstum, bilden Jahresring um Jahresring. Unabhängig davon, ob wir nun 20 oder 80 Jahre alt sind – unser Wachstum hört nie auf. Natürlich wächst unser Körper nicht weiter, sobald wir einmal erwachsen sind. Doch was unser seelisches Wachstum betrifft, was also etwa unsere Fähigkeit angeht, gelassener, zufriedener und mitfühlender zu werden, so gibt es hier keinen Moment, an dem die Entwicklung aufhören würde.

Im Gegensatz zu einer Blume oder einem Baum können wir Menschen unser Wachstum – jedenfalls teilweise – selbst beeinflussen. Wie wollen Sie wachsen? Werden Sie es zulassen, dass Ihr inneres Wachstum weitgehend zum Erliegen kommt oder dass Dunkelheit sich wie ein Schatten auf Ihre Seele legt? Oder werden Sie sich auf die lichten, beglückenden Qualitäten in Ihnen ausrichten? Das ist eine Entscheidung, die Sie jeden Tag erneut bewusst treffen sollten, da es gefährlich wäre, dies dem Zufall zu überlassen.

Morgensegen

Stimmen Sie sich mit einem Segensgedanken, der Ihr inneres Wachstum anspricht, auf den kommenden Tag ein. Wenn Sie

73

aufwachen, nehmen Sie sich eine Minute Zeit, um sich bewusst zu machen, dass Sie die Erfahrungen des letzten Tages wieder haben wachsen lassen – und dass auch der heutige Tag Chancen zum Wachstum bieten wird. Legen Sie die Hände über Ihr Herz und wiederholen Sie siebenmal die Segensworte für diesen Tag:

»

Meine Seele wächst und gedeiht, meine Seele wächst zum Licht. Ich spüre die Kraft des Wachstums in mir, das diesen Tag segnet.

«

Nach jeder Wiederholung atmen Sie einmal tief durch, spüren Sie die Kraft des Segens und freuen Sie sich auf die Möglichkeiten zu wachsen, die dieser Tag Ihnen bringt.

Abendsegen

Starke Wurzeln bilden die Basis für gesundes Wachstum. Ein Baum wächst umso höher, je tiefer seine Wurzeln reichen. Wenn wir für Stabilität sorgen wollen, müssen wir uns um ein starkes Fundament bemühen. Und genau darum geht es bei der folgenden Übung. Sie ermöglicht es, dass Ihre Lebensenergie sich auf harmonische Weise entfalten kann, indem sie die Kraft im Zentrum Ihres Körpers stärkt – nämlich im Bauch- und Beckenraum.

– Legen Sie sich auf einer weichen Unterlage entspannt auf den Rücken und schließen Sie die Augen. Reiben Sie die Handflächen sanft kreisförmig aneinander, um die Energie in den Händen zu aktivieren. Legen Sie Ihre

Hände dann etwa eine Handbreit unterhalb des Nabels auf Ihren Bauch.

– Atmen Sie einige Male entspannt durch und spüren Sie die Bewegungen der Bauchdecke. Stellen Sie sich dann bei jedem Einatmen vor, wie Sie Energie aufnehmen. Während Sie langsam ausatmen, lassen Sie diese Energie in Ihren Bauch-Beckenraum strömen. Dabei können Sie einen roten Lichtstrahl visualisieren, der von den Händen aus in Ihren Körper fließt.

– Konzentrieren Sie sich einige Atemzüge lang auf diese Visualisierung, und legen Sie anschließend die Hände wieder auf den Boden. Spüren Sie nach, ob sich etwas verändert hat und sich Ihr Bauchraum wärmer oder lebendiger anfühlt.

NACHTGEBET

Wachsen heißt: größer werden.
Größer an Gleichmut, größer an Heiterkeit,
größer an Liebe und größer an Weisheit.
Wachsen heißt: stiller werden.

Seinen Weg finden

Im Laufe der Tage der zwölften Frühlingswoche wollen wir uns unsere Herzensziele bewusst machen und den Weg dorthin erkunden. Die meisten Menschen glauben, ihre Ziele zu kennen – und die meisten täuschen sich. Ihr Herz will etwas anderes, als sie denken. Unter der Oberfläche des Bewusstseins, wissen wir mehr. Es gibt ja auch Menschen, die glauben, gar kein Ziel zu haben: Und auch sie irren sich. Wir besinnen uns an diesen Tagen darauf, dass wir immer Ziele haben, bewusst oder unbewusst – und dass es gut ist, unsere Ziele genau zu kennen.

Bauernregeln

08.06. EIN SONNIGER MEDARDUSTAG
STILLT DER BAUERN NOT UND KLAG'.
11.06. SANKT BARNABAS SCHNEIDET DAS GRAS.

Die Inspiration der Woche

Bertha von Suttner (09.07.1843–21.06.1914) wurde in eine Adelsfamilie geboren, ihr Vater war General, der Großvater Hauptmann der Kavallerie. Doch sie fand ihren eigenen Weg, wurde Schriftstellerin, Pazifistin und Friedensforscherin – und erhielt 1905 als erste Frau den Friedensnobelpreis. Jeder muss seinen eigenen Weg finden; und hier ist Bertha von Suttner eine ideale Inspiration für uns in der zwölften Frühlingswoche.

Die eigenen Werte leben

Auf der Suche nach dem Wesentlichen gibt es kaum eine Frage, die so entscheidend ist, wie die Frage nach dem »Wohin«: Wohin gehe ich? Was will ich erreichen? Welche Ziele sind es wert, verfolgt zu werden?

Seneca, der römische Philosoph, schrieb: »Wer den Hafen nicht kennt, in den er segeln will, für den ist kein Wind der richtige.« Welchen Hafen möchten Sie erreichen? Solange Sie die Ziele Ihres Herzens nicht wirklich kennen, laufen Sie Gefahr, ziellos durchs Leben zu irren oder aber den falschen Zie-

77

len hinterherzulaufen. Unsere Absichten bestimmen unsere Entscheidungen, und diese bestimmen unser Leben. Daher ist es wichtig, dass wir uns regelmäßig auf unsere Werte besinnen. Das gilt nicht nur, wenn es um große Lebensziele oder das Verwirklichen unserer Mission geht, sondern auch für kleine, scheinbar unbedeutende Pläne. Immer wieder sollten Sie sich fragen, was Ihnen wirklich wichtig ist und dabei sehr genau auf die Stimme Ihres Herzens hören.

Morgensegen

Beginnen Sie die Tage dieser Woche damit, sich mit einem Segensgedanken für Ihre Herzensziele einzustimmen. Wenn Sie aufwachen, dann nehmen Sie sich etwas Zeit, um Ihre Ziele bewusst zu erleben. Legen Sie Ihre Hände zunächst auf den unteren Bauch, dann in die Leibmitte und schließlich auf die Brustmitte; richten Sie Ihre Gedanken auf die Ziele die Ihrem Herzen besonders nahestehen und wiederholen Sie jeweils dreimal die Segensworte für diesen Tag:

 Mein Herzensziel zieht mich zu sich und segnet diesen Tag.

Nach jeder Wiederholung atmen Sie einmal tief durch. Spüren Sie die Kraft des Segens und öffnen Sie sich für alles, was Sie Ihren Herzenszielen heute näher bringen wird.

Abendsegen

Nutzen Sie die Tage dieser Woche dazu, um Klarheit darüber zu gewinnen, welche Herzensziele Sie haben. Die folgenden Fragen dienen der Besinnung. Es geht jedoch nicht darum, möglichst viele Antworten an einem Tag zu finden – wichtiger ist es, sich täglich Zeit für eine kurze Reflexion zu nehmen, indem Sie sich nur einzelne Fragen herauspicken. Schaffen Sie eine harmonische, besinnliche Atmosphäre. Schließen Sie die Augen und denken Sie über eine oder mehrere der folgenden Fragen nach:

– Was sind meine Werte? Welche Qualitäten sind mir besonders wichtig?

Mögliche Werte sind zum Beispiel Freude, Ruhe, Einfachheit, Gerechtigkeit, Freundschaft, Kreativität, Mitgefühl oder Verantwortung. Nur wenn Ihre Ziele Ihren Werten entsprechen, werden Sie Sinn in Ihrem Handeln erfahren.

– Was ist mein übergeordnetes Ziel? Was möchte ich innerhalb der nächsten fünf Jahre erreicht haben? Was soll sich verändern?

Nutzen Sie Ihre Vorstellungskraft: Malen Sie sich innerlich aus, wie Sie sich fühlen werden, wenn Sie Ihr Ziel erreicht haben. Je klarer Ihr Bild ist und je positiver Sie Ihr Ziel formulieren, desto besser.

– Was hindert mich daran, meine Ziele zu erreichen? Was oder wer steht mir im Weg? Habe ich die nötigen Ressourcen?

Manchmal brauchen wir bestimmte Qualitäten, um unseren Weg gehen zu können. Vielleicht müssen Sie Geduld oder Mut entwickeln, sich für neue Begegnungen öffnen oder Altes loslassen.

> – Ist mein Ziel wirklich ein Herzensziel? Wird es sowohl für mich als auch für andere zu positiven Veränderungen kommen, wenn ich es erreiche?

Vergessen Sie den Weg zum Ziel nicht. Er ist oft wichtiger, als wir glauben. Können Sie sich auf ihm weiterentwickeln und wachsen?

> – Was habe ich heute getan, um wenigstens einem meiner Ziele näher zu kommen?

NACHTGEBET

Alles ist getragen von meinen Werten,
vom Wissen, wohin ich will geh'n.
Der Weg ist mein Ziel,
und ich kann mein Ziel
vor Augen schon seh'n.

Rückbesinnung auf das Frühjahr

Das Frühjahr geht dem Ende zu – wir sind nun in der letzten Frühlingswoche angelangt. Immer dann, wenn eine Phase unseres Lebens sich dem Abschluss zuneigt, tun wir gut daran, uns zu besinnen und das, was war, zu würdigen und in unserer Erinnerung zu verankern. Nicht um es krampfhaft festzuhalten, sondern um uns ganz auf das Neue einlassen zu können. Die Tage dieser Woche sind dem Thema »Rückbesinnung« gewidmet. Wir besinnen uns an diesen Tagen auf das, was uns in diesem Frühjahr widerfahren ist, wie wir gewachsen sind und was wir gelernt haben.

Bauernregeln

13.06. HAT ANTONIUS STARKEN REGEN,
GEHT'S MIT DER GERSTE WOHL DANEBEN.
15.06. NACH SANKT VEIT, DA ÄNDERT SICH DIE ZEIT;
DANN FÄNGT DAS LAUB ZU STEHEN AN
UND DIE VÖGEL HABEN DAS LEGEN GETAN.
16.06. WER AUF SANKT BENNO BAUT,
DEM WÄCHST VIEL FLACHS UND KRAUT.

Die Inspiration der Woche

In der letzten Frühlingswoche besinnen wir uns auf das zurück, was war – und nehmen dazu Johanna Spyri, die Schöpferin von »Heidi« (1879), als Inspiration. Das Rückbesinnen ist kein Blick durch die rosarote Brille; es gilt, an das Gute des Althergebrachten zu denken und es zu bewahren und gleichzeitig die Mängel und Fehler kritisch zu betrachten. Spyri tat in ihren Büchern genau das; denn ihre Sichtweise auf die schwierigen Lebensbedingungen der Menschen während der Frühzeit der Industrialisierung ist kritisch und lehrreich – und bewahrt doch eine fröhliche und optimistische Haltung, die aus der Rückbesinnung auf das Gute kommt.

Abschied vom Frühling

So wie das Ende einer Lebensphase, so ist auch das Ende einer Jahreszeit ein guter Moment, um zurückzublicken. Wichtig ist jedoch, die Rückbesinnung immer als eine Chance zu sehen und mitfühlend auf das zu blicken, was war. Die Zeit, in der die Natur zu neuem Leben erwacht ist, ist jetzt vorbei. Vielleicht ist in den letzten drei Monaten in Ihrem Leben vieles passiert und erblüht. Möglicherweise haben Sie jedoch auch den Eindruck, dass dieser Frühling nicht viel Neues gebracht hat. Beides ist vollkommen in Ordnung.

Wenn wir zurückschauen, geht es nicht darum, Erlebnisse zu bewerten oder gar uns selbst zu verurteilen. Falls Sie Fehler gemacht oder falsche Entscheidungen getroffen haben, dann ist das eben so. Fehler zu machen ist für unsere Entwicklung nicht nur normal, sondern überaus wichtig. Denken Sie nur daran, wie oft wir als kleine Kinder hinfallen, bevor wir laufen gelernt haben. Blicken Sie nicht auf Versäumnisse, sondern auf die Möglichkeiten zurück. Enthält das, was passiert ist, womöglich eine Botschaft für Sie?

Nur wenn Sie entspannt zurückblicken, werden Sie erkennen, dass Sie wahrscheinlich auch in diesem Frühling viele Erfahrungen gesammelt und Neues gelernt haben. Die Aufgabe besteht nun darin, das auch zu erkennen und es dankbar anzunehmen.

Morgensegen

Die Tage dieser Woche beginnen mit einer kurzen Besinnung auf das, was Sie in diesem Frühjahr erlebt haben. Lassen Sie diese Zeit in Ihrer Vorstellung im Zeitraffer ablaufen – jeden Tag wird der innere Film ein wenig bunter und deutlicher.

Stimmen Sie sich dann mit einem Segensgedanken auf den Tag ein. Dazu legen Sie die rechte Hand auf Ihre Brustmitte, die linke auf den Bauch, richten Ihre Gedanken auf die Dinge, die in diesem Frühjahr besonders wichtig für Sie waren und wiederholen dann dreimal die Segensworte für diesen Tag:

 Was gewesen ist, ist in mir. Ich brauche nicht zurückzugehen, der Blick zurück voll Liebe segnet meinen Tag.

Nach jeder Wiederholung atmen Sie einmal tief durch und spüren dem Widerhall des Segens in Ihren Gefühlen nach.

Abendsegen

Wählen Sie ein Symbol, das für Sie den Frühling repräsentiert. Sie können zum Beispiel einen bunten Blumenstrauß aufstellen, eine Blüte in einer Wasserschale treiben lassen oder auch ein schönes Bild aufstellen. Und natürlich können Sie auch selbst ein Frühlingsbild malen, mit vielen Blumen und Sonnenschein. Dabei geht es aber nicht um Perfektion, sondern darum, Ihre Stimmung auszudrücken.

Setzen Sie sich aufrecht, aber entspannt hin und versuchen Sie, den Alltag hinter sich zu lassen. Atmen Sie einige Male entspannt durch. Lassen Sie die letzten drei Monate nun noch einmal Revue passieren:

- Welche Erfahrungen haben Sie im Frühling gemacht?
- Haben Sie Dinge gelernt oder Erfahrungen gesammelt, an die Sie sich gerade erinnern können?

- Was für Menschen sind Ihnen begegnet? Welche waren für Sie besonders wichtig?
- Welche Phasen waren schwierig? Und welche Tage waren besonders schön oder anregend?
- Richten Sie Ihre Aufmerksamkeit jetzt auf die Atembewegung in Ihrem Bauch. Lassen Sie den Atem einfach kommen und gehen, ohne ihn zu vertiefen oder zu verändern. Lassen Sie das Einatmen ganz natürlich kommen – und nutzen Sie das Ausatmen, um loszulassen. Atmen Sie aus und lassen Sie dabei alle Belastungen, unangenehmen Erlebnisse oder bedrückenden Bilder in Ihrer Erinnerung los. Wiederholen Sie dies einige Minuten lang.
- Öffnen Sie dann die Augen, atmen Sie dreimal tief durch und beenden Sie die Meditation.

NACHTGEBET

Das Frühjahr gehet schnell dahin,
doch ich seh's fröhlich weiterzieh'n:
Im Neuen steckt das Alte drin –
das ist vom Neuen nur gelieh'n.

Sommer

Element: Feuer
Zeit: Juni bis September

Astronomisch gesehen beginnt der Sommer mit dem längsten Tag des Jahres – der Sommersonnwende, was bei uns um den 21. Juni der Fall ist. Die Sonne steht nun senkrecht über dem Wendekreis der eigenen Erdhälfte, und ab jetzt werden die Tage allmählich wieder kürzer.

Die Energie der Sonne und die Wärme ihrer Strahlen sind so kraftvoll wie nie und sie beeinflussen Mensch und Natur. Auf den Wiesen und in den Gärten blühen Lilien, Dahlien, Sommer-Margeriten, Glockenblumen und Stiefmütterchen und verleihen dem Frühsommer seine intensiven Farben. Im Hochsommer reift das Getreide, und es können Beeren und Kirschen geerntet werden, während andere Obst- und Gemüsesorten wie etwa Äpfel, Birnen, Pflaumen, Tomaten, Mangold oder Zucchini meist erst im Spätsommer zur vollen Reife gelangen.

Dem Sommer wird das Feuerelement zugeordnet. Das Feuer spendet uns Licht und Wärme und ist ein Sinnbild für unser Überleben: Erst durch das Feuer können wir unsere Nahrung umwandeln und bekömmlich machen. Wir wärmen uns seit je am Feuer, begehen Sonnwendfeiern, in deren Mittelpunkt das Entzünden riesiger Holzstapel stehen, oder sitzen gemeinsam mit Freunden und der Familie in lauen Sommernächten am Lagerfeuer. Vom Feuer geht eine magische Kraft aus, die wir auch in Ritualen erfahren können.

Feuer ist nicht nur wärmend, es brennt auch. Das innere Brennen, das manche von uns verspüren, der Drang, zu handeln und in Bewegung zu kommen – all das sind ebenfalls Aspekte, die im Sommer besonders stark erfahrbar werden, und wir können diese Energien nutzen, um wertvolle Ziele zu erreichen.

Im Sommer fühlen sich viele Menschen am wohlsten. Die Lebenswärme ist spürbar. Warm durchpulst das Blut unseren Körper. In der Wärme fühlen wir uns geborgen, unsere Muskeln entspannen sich leichter, und die Bewegung im Freien tut uns gut.

Einige der Fragen, die wir uns im Sommer stellen sollten, lauten: Kann ich Kontakt zu meinem inneren Feuer aufnehmen? Wofür brenne ich? Wie kann ich das, was in mir verborgen liegt, zur vollen Blüte kommen lassen? Gibt es Möglichkeiten zu entdecken, dass das Leben auch für mich ein Fest und ein ausgelassener, kosmischer Tanz sein kann? Wie kann ich meine Herzenswärme kultivieren, um mich und andere zu heilen?

Einkehr

Der Sommer beginnt. Das Frühjahr war die Zeit zu wachsen, nun kommt die Reifezeit. Das ist eine gute Zeit, um die Tage der ersten Sommerwoche wieder dem Thema »Einkehr« zu widmen. An diesen Tagen gehen wir in uns und besinnen uns auf das, was uns wirklich ausmacht und uns bewegt. In diese Tage fällt die Sommersonnwende, der längste Tag des Jahres. Sie findet an einem der drei letzten Tage dieser Woche statt: Von dem Zeitpunkt an werden die Tage wieder kürzer – bis zur Wintersonnwende.

Bauernregeln

19.06. WENN'S REGNET AN GERVASIUS,
ES 40 TAGE REGNEN MUSS.
21.06. SONNWENDTAG, LÄNGSTER TAG DES JAHRES
24.06. VOR JOHANNI BITT' UM REGEN,
HERNACH KOMMT ER UNGELEGEN.

Die Inspiration der Woche

Der Sommer beginnt! In der ersten Woche wollen wir ein wirkliches Genie als Inspiration wählen: Wilhelm von Humboldt, der am 22. Juni 1767 geboren wurde. Während sein Bruder Alexander vor allem eine naturwissenschaftliche Koryphäe war, lag Wilhelms Schwerpunkt auf den Kulturwissenschaften. »Der wahre Zweck des Menschen, nicht der, welchen die wechselnde Neigung, sondern welchen die ewig unveränderliche Vernunft ihm vorschreibt, ist die höchste und proportionierlichste Bildung seiner Kräfte zu einem Ganzen.« Nehmen Sie sich die Zeit, über diesen Satz nachzudenken, und halten Sie innere Einkehr.

In der warmen Jahreszeit zu Hause sein

Der Sommer ist die hellste Jahreszeit – die Zeit der sonnigen, warmen und mitunter auch recht heißen Tage. Wir segnen diese Tage, indem wir immer wieder innehalten, um mit der Energie dieser Jahreszeit Verbindung aufzunehmen. In der

Sommerzeit können wir unsere Lebensfreude oft deutlicher spüren oder sie aufs Neue aktivieren, falls sie uns ein wenig abhandengekommen sein sollte. Die Natur steht in voller Blüte, die hellen Tage laden uns ein, den Kosmos als ein göttliches Fest zu erkennen. Es ist die Zeit des Feierns, in der wir uns mit Freunden zu Grillfesten und Sonnwendfeuern treffen, in der wir unseren Körper und unsere Sinne intensiv erleben, unter freiem Himmel laufen, tanzen, schwimmen, am Lagerfeuer liegen oder sonnenbaden können.

Die Tage der Einkehr dienen dazu, den Schritt in die neue Jahreszeit bewusst zu tun. Einzukehren bedeutet, zu Hause anzukommen. Und damit wir selbst Teil des Sommers werden, müssen wir uns ihm hingeben. Statt etwa an den Hundstagen über die Hitze zu klagen, sollten wir versuchen, Wärme und Hitze einfach als eine wichtige Erfahrung unseres Lebens anzusehen. Wenn es heiß ist, ist es eben heiß – so ist der Sommer nun mal. Genießen wir diese Erfahrungen und öffnen wir uns für die Geheimnisse dieser Jahreszeit. Auf diese Weise kommen wir ganz im Sommer an und können uns ihm anvertrauen.

Morgensegen

Die Tage dieser Woche können Sie gut beginnen, indem Sie sich nach dem Aufwachen ein wenig Zeit nehmen, in sich zu gehen und sich mit einem Segensgedanken auf den Tag einzustimmen. Legen Sie die Hände auf Ihre Brust und beobachten Sie, was Ihre Gedanken und Gefühle gerade tun. Lächeln Sie, zumindest innerlich, und wiederholen Sie dreimal, ganz langsam, die Segensworte für diesen Tag:

 Ich öffne mein Herz, ich lausche meinen Gedanken und achte auf meine Taten. So segne ich mit Achtsamkeit den Tag.

Nach jeder Wiederholung atmen Sie einmal tief durch. Spüren Sie die Kraft des Segens und freuen Sie sich auf das, was dieser Tag bringen wird.

Abendsegen

Nutzen Sie die Tage der Einkehr, um Kontakt mit der neuen Jahreszeit aufzunehmen. Öffnen Sie die Fenster, wenn es warm genug ist. Auch im Sommer ist es sinnvoll, den Anfang eines Rituals oder einer Meditation einzuleiten, indem Sie eine Kerze anzünden.

- Setzen Sie sich aufrecht und doch entspannt hin. Lassen Sie alle Spannungen im Gesicht, in den Schultern und im Bauch so gut wie möglich los. Überlegen Sie, wie der heutige Tag war. Was ist heute geschehen? Wie haben Sie sich gefühlt? Ist es Ihnen gelungen, trotz möglicher Hindernisse und Probleme Ruhe zu bewahren?
- Atmen Sie nun einmal langsam durch und legen Sie beide Handflächen über Kreuz auf die Mitte Ihrer Stirn. Konzentrieren Sie sich auf den sanften Druck Ihrer Hände – auf die Energie, die aus Ihren Händen strahlt. Achten Sie darauf, die Schultern nicht anzuspannen,

sondern lassen Sie die Hände ganz entspannt auf der Stirn liegen. Lenken Sie Ihre Aufmerksamkeit nun ganz dorthin. Spüren Sie die angenehme Wärme und die einsetzende Entspannung.

– Richten Sie Ihr »inneres Auge« jetzt auf den Raum hinter der Stirn. Können Sie hier Licht wahrnehmen? Einen Punkt oder eine Fläche, die durch ihre Helligkeit auffällt? Wenn nicht, macht das nichts; wenn doch, dann nehmen Sie einfach wahr, was Sie sehen, ohne es zu bewerten oder sich davon vereinnahmen zu lassen.

– Lassen Sie dic Hände nach einiger Zeit wieder sinken. Atmen Sie noch einige Male tief durch und öffnen Sie dann wieder die Augen.

NACHTGEBET

Mein inn'rer Edelstein,
in Reinheit tritt er hervor –
von Staub und Last befreit,
ruht er in mir und ich in ihm.

Wandlung

Die Tage der zweiten Sommerwoche sind, wie in jeder Jahreszeit, dem Thema »Wandlung« gewidmet. Die Veränderung wahrzunehmen ist bedeutsam für das Verstehen unserer eigenen inneren Veränderungen. Wir öffnen die Augen und achten auf den Wandel in uns und in der Natur und sehen, wie der Sommer den Frühling ablöst. Diese Woche liegt genau in der Mitte des Jahres. Am 02. Juli um 12 Uhr mittags ist die erste Jahreshälfte vorbei. Wenn nicht gerade ein Schaltjahr ist: Dann war bereits um Mitternacht Halbzeit.

Bauernregeln

27.06. REGNET'S AM SIEBENSCHLÄFERTAG,

ES NOCH SIEBEN WOCHEN REGNEN MAG.

29.06. PETER UND PAUL HELL UND KLAR

BRINGT EIN GUTES JAHR.

01.07. WAS DER JULI NICHT SIEDET,

KANN DER AUGUST NICHT BRATEN.

02.07. GEHT MARIA ÜBERS GEBIRGE NASS,

BLEIBEN LEER SCHEUNE UND FASS.

Die Inspiration der Woche

Ein hervorragender Inspirator für die zweite Sommerwoche, in der es um das Thema »Wandlung« geht, ist der Literaturnobelpreisträger Hermann Hesse (02.07.1877–09.08.1962). In seinem Leben und seinen Werken, allen voran »Siddharta«, »Der Steppenwolf« oder »Das Glasperlenspiel« spielt das Thema der inneren Wandlung eine zentrale Rolle. Die Wandlung kann schmerzhaft sein, doch sie ist unvermeidlich. Daher ist es so wichtig, dass wir uns der Kraft der Wandlung bewusst bleiben und uns zum Lichten und Guten hinwenden.

Innehalten statt Stillstehen

Im Gegensatz zum Frühling oder Herbst ist der Sommer eine Jahreszeit, in der nicht viel Bewegung stattzufinden scheint. Der Sommer ist die Zeit der Reife – Blühen und Verblühen,

Werden und Vergehen spielen jetzt eine untergeordnete Rolle. So scheint es aber nur… Denn, wenn wir genauer hinsehen, merken wir, dass Wandlung immer stattfindet – in jeder Jahreszeit, an jedem Tag.

Auf dem Weg zum Glück dürfen wir nicht stehen bleiben. Wohlgemerkt: Innehalten, zur Ruhe kommen und innerlich still werden dürfen wir durchaus, doch das hat nichts damit zu tun, »einzuschlafen« oder träge zu werden – ganz im Gegenteil. Auch im Sommer ist kein Tag wie der andere. Das Wetter ist wie zu jeder Jahreszeit unberechenbar, und wer genau hinsieht, wird bemerken, dass auch die Natur in ständigem Wandel ist. Im Frühsommer blühen Margeriten, Mohn und Veilchen, während der Spätsommer die Zeit der Sonnenblumen, Astern und Ringelblumen ist.

Doch wichtiger noch als die Wandlung im Außen ist die im Inneren, die Tag für Tag stattfindet. Blicken Sie daher auch in diesen Tagen immer wieder auf Ihr Inneres: Welche Veränderungen können Sie in Ihren Gedanken, Stimmungen und Gefühlen erkennen?

Morgensegen

Jeder Morgen ist der Morgen eines einmaligen Tages. Stimmen Sie sich mit einem Segensgedanken auf den Tag ein. Sobald Sie aufwachen, zögern Sie nicht lange: Stehen Sie auf und schauen Sie aus dem Fenster. Strecken Sie sich, heben Sie die Hände über den Kopf, und wiederholen Sie dreimal die Segensworte für diesen Tag:

>> *Alles verändert sich. Ich lasse mich vom Strom des Lebens tragen und bin voll Neugier auf das, was kommen mag. Sei dieser Tag gesegnet.* <<

Nach jeder Wiederholung lassen Sie die Arme fallen, atmen einmal tief durch und nehmen Verbindung zu der Kraft des Segens auf.

Abendsegen

Für die folgenden Tage möchte ich Ihnen vorschlagen, sich der Veränderungen in Ihren Stimmungen und Gefühlen bewusster zu werden. Durch eine einfache Reflexion können Sie lernen, sich selbst klarer wahrzunehmen und Ihre Aufmerksamkeit jederzeit nach innen zu wenden, und zwar durch den »inneren Wetterbericht«. Schaffen Sie eine angenehme Atmosphäre und setzen Sie sich aufrecht und bequem hin. Atmen Sie tief durch und stellen Sie sich folgende Fragen: »In welcher Stimmungslage bin ich gerade? Was sagt mein innerer Wetterbericht?«

Spüren Sie nach innen: Scheint die Sonne? Ist es windig oder windstill? Ist es neblig, stürmisch, stark oder schwach bewölkt, kalt oder warm?

– Versuchen Sie in einem zweiten Schritt, Ihre Gefühlslage noch klarer zu benennen. Was fühlen Sie gerade? Während dramatische Gefühle wie Angst oder Wut leicht zu spüren sind, sind vage Stimmungen oft weniger klar. Doch auch leichte Müdigkeit, Unsicherheit, Unruhe oder aber Wohlbefinden und Zufriedenheit sind wichtige »Wetterbeobachtungen«.

– Ergründen Sie im letzten Schritt, ob und wie Ihr Gefühl oder Ihre Stimmung sich auf Ihren Körper auswirkt. Spüren Sie zum Beispiel Druck im Bauch oder in der Brust? Ziehen Sie die Schultern hoch oder spannen Sie bestimmte Muskeln an? Und was macht der Atem?

– Beenden Sie die Übung, indem Sie tief durchatmen und die Augen wieder öffnen.

:::

NACHTGEBET

Alles ist in ständigem Wandel,
nichts bleibt, alles geht dahin;
doch wandelnd bleib ich treu mir
und bin der, der ich bin.

97

Liebe

Die Tage der dritten Woche des Sommers wollen wir, wie alle dritten Wochen der Jahreszeiten, wieder dem Thema »Liebe« widmen – wir segnen diese Tage, indem wir uns auf die Kraft der Liebe besinnen. Dabei tun wir gut daran, diese Kraft in uns wachsen und reifen zu lassen; das erfüllt unser Leben mit Sinn und zieht seine Kreise. Um den 05. Juli (03.–06. Juli) befindet sich die Erde an ihrem sonnenfernsten Punkt (Aphel) – und dennoch ist dies der Beginn der wärmsten Zeit des Jahres, da die Sonnenstrahlen steiler einfallen, als im Winter, wo die Erde der Sonne am nächsten ist.

Bauernregeln

Die Inspiration der Woche

In der dritten Woche des Sommers geht es wieder um das Thema Liebe und insbesondere um die Nächstenliebe, deren Umsetzung umso schwieriger und zugleich doch auch umso wichtiger wird, je mehr Menschen uns begegnen, die in Not sind und unserer Hilfe bedürfen. Wir finden unsere Inspiration in der katholischen heiligen Elisabeth von Thüringen. Sie wurde am 07. Juli 1207 geboren und gilt seit jeher als Vorbild für tatkräftig umgesetzte Nächstenliebe; obwohl sie eine katholische Heilige ist, wird sie auch von Protestanten verehrt und selbst in der atheistischen DDR fand zu ihrem 750. Todestag 1981 eine Gedenkveranstaltung statt. Sie sorgte für Arme und Bedürftige, ließ einen Aussätzigen in ihrem Bett liegen und versorgte ihn, verteilte Spenden und Gaben. Schon während ihrer Zeit als Landfürstin verteilte sie Essen und Kleidung an Arme. Am Fuß der Wartburg ließ sie ein Spital errichten, wo sie sich der Pflege Schwerkranker widmete. Lassen wir uns von der Heiligen Elisabeth dazu inspirieren, unsere Liebe denen zu schenken, die der tatkräftigen Liebe bedürfen.

Die Sonne der Liebe erstrahlen lassen

Die Sonne scheint für alles und es gibt niemanden, dem sie ihre Wärme und ihr Licht vorenthalten würde. Damit hat sie viel Ähnlichkeit mit der Liebe. Wahre Liebe überwindet alle Grenzen, sie heilt, spendet Wärme und Heiterkeit. Doch was ist »wahre Liebe« überhaupt? Leider ist es ein weit verbreiteter Irrtum zu glauben, dass Liebe etwas ist, worauf wir Anspruch haben. Wir hungern nach Liebe und übersehen, dass Liebe vor allem eine aktive Kraft ist, etwas, wofür wir uns jederzeit entscheiden können.

Gütige, mitfühlende und verständnisvolle Liebe ist göttlich. Sie segnet andere Menschen mit Wärme und Licht. Und natürlich wird es auch Ihr Leben verändern, wenn Sie zu einer Sonne für alle werden, die Dunkelheit erfahren müssen. Doch um auf diese selbstlose Weise lieben zu können, müssen Sie vollkommen frei von Forderungen und Erwartungen sein. Nur wenn Ihr Geist weit und Ihr Herz offen ist, kann das Wunder der Liebe zu einem wahren Segen für Sie und andere werden.

Morgensegen

Beginnen Sie die Tage dieser Woche damit, sich mit einem Segensgedanken auf den Tag einzustimmen. Wenn Sie aufwachen, nehmen Sie sich eine Minute Zeit, bevor Sie aufstehen. Legen Sie die Hände auf Ihr Herz, richten Sie Ihre Gedanken auf die Menschen, die Ihnen besonders nahestehen und wiederholen Sie siebenmal die Segensworte für diesen Tag:

Liebe überwindet alle Grenzen. Die Kraft der Liebe begleitet mich – sie öffnet mein Herz und segnet diesen Tag.

Atmen Sie nach jeder Wiederholung einmal tief durch, spüren Sie die Kraft des Segens und lassen Sie sich von dem überraschen, was dieser Tag Ihnen bringen wird.

Abendsegen

Die meisten von uns dürften die Geste des Segnens ausschließlich aus der Kirche kennen. Doch im Grunde ist es sehr einfach, andere Menschen zu segnen. »Ich will dich segnen, und du sollst ein Segen sein«, so steht es in der Bibel (1. Mose 12, 2). Jeder von uns kann zu einem Segen für andere werden, sofern er selbst »gesegnet«, also von der göttlichen Liebe erfüllt, ist. Füllen Sie Ihr Herz mit Güte und geben Sie diese dann an andere Menschen weiter. Dabei können Sie auf zweierlei Weise vorgehen:

- Segnen Sie heute Menschen, die Ihnen nahestehen. Entzünden Sie eine Kerze, stellen Sie sich aufrecht hin und schließen Sie die Augen. Heben Sie die Arme nach oben und lassen Sie die Handflächen nach vorne zeigen.
- Denken Sie jetzt an einen Menschen aus Ihrer Familie – an Ihren Partner oder Ihre Partnerin, Ihre Kinder, Eltern oder andere Verwandte. Stellen Sie sich diesen Menschen bildlich vor. Konzentrieren Sie sich darauf, wie göttlicher Segen über alle Grenzen hinweg von Ihren Händen aus

zu diesem Menschen strömt und ihn erstrahlen lässt. Denken Sie dabei die Worte: »Ich segne dich mit liebender Güte.«

Lassen Sie die Arme sinken und atmen Sie tief durch. Wiederholen Sie die Segnung dann noch zweimal. Denken Sie dabei zunächst an einen guten Freund oder eine Freundin und beim dritten Mal an einen Bekannten oder eine Bekannte, von der oder dem Sie wissen, dass sie oder er der Unterstützung bedarf.

– Segnen Sie in den nächsten Tagen Menschen, die Ihnen im Alltag begegnen – ob im Bus, im Büro, zu Hause oder auf der Straße. Tun Sie das diesmal ganz still und unauffällig – nur mithilfe Ihrer Vorstellungskraft; wenn möglich, können Sie Ihre Hände dabei ineinanderlegen. Sehen Sie den Menschen an, lächeln Sie und denken Sie: »Friede sei mit dir. Mögest du Liebe erfahren.«

NACHTGEBET

Liebe heilt alles,
heilt jedermanns Leid.
So liebe, mein Herz:
Sei offen und weit.

Dankbarkeit

In der vierten Woche des Sommers wollen wir die Tage wieder der Dankbarkeit widmen und uns erneut darauf besinnen, was uns alles an Wertvollem widerfährt. Es ist leider so, dass es gar nicht so einfach ist, das, was wir dauernd erleben, bewusst zu erfahren. Ist es nicht wunderbar, dass wir jeden Tag frisches Wasser und Nahrung haben können? Es ist wunderbar, aber es ist uns so selbstverständlich geworden, dass es uns kaum je bewusst wird. In dieser Woche wollen wir unsere Aufmerksamkeit auch auf das Selbstverständliche legen, das dennoch wertvoll und unserer Dankbarkeit wert ist.

Bauernregeln

10.07. WENN SICH SIEBEN BRÜDER SONNEN,
KOMMEN SIEBEN WOCHEN WONNEN.
15.07. IST APOSTELTEILUNG SCHÖN,
KANN'S SIEBEN-BRÜDER-WETTER GEH'N.

Die Inspiration der Woche

In dieser Woche, der vierten des Sommers, befassen wir uns wieder mit der Dankbarkeit. Eine hervorragende Persönlichkeit, die uns zu Dankbarkeit inspirieren kann, ist die Schauspielerin, Regisseurin und langjährige Intendantin des Münchner Volkstheaters, Ruth Drexel, die ich 1969 kennenlernte. Ruth wurde am 14. Juli 1930 in einfachsten Verhältnissen geboren und sprach bis kurz vor ihrem Tod häufig über die Dankbarkeit für das, was ihr das Leben geschenkt hatte – für das unglaubliche Privileg, sein Leben dem Theater widmen zu können und die vielen bereichernden Begegnungen mit Schauspielern wie Ottfried Fischer oder Uschi Glas. Sie ist für mich eine wirkliche Inspiration – und ich hoffe auch für meine Leser und Leserinnen.

Unseren Mitmenschen danken

Dankbare Menschen sind nicht nur zufriedener, sie sind auch seltener krank als undankbare – das zeigen verschiedene Studien. Die Wissenschaftler rätseln noch, woran das liegen mag, aber mir scheint der Zusammenhang nicht so kompliziert zu sein: In Augenblicken der Dankbarkeit wenden wir uns dem Leben zu und öffnen uns für das, was uns widerfährt. Dankbarkeit richtet unsere Aufmerksamkeit auf das Positive, auf das Wertvolle und Schöne, das jeder Tag für uns bereithält. Wer dankbar ist, der ist entspannt und heiter. Dankbaren Menschen fällt es außerdem leicht, andere wertzuschätzen und auch kleine, scheinbar unbedeutende Dinge als ein Geschenk anzusehen. Undankbarkeit sagt »Nein« zum Leben und führt zu Unzufriedenheit. Im Gegensatz dazu sagt Dankbarkeit »Ja« und macht uns augenblicklich zufriedener.

Der lichte Sommer ist eine gute Zeit, um unsere Dankbarkeit ganz auf andere Menschen zu richten und rauszugehen. Oft fühlen wir uns isoliert, und dann vergessen wir allzu leicht, dass wir zutiefst mit unseren Mitmenschen verbunden sind. Was wären wir schließlich ohne unsere Eltern, Geschwister, Kinder und unsere Dorfgemeinschaft oder Nachbarschaft? Was wären wir ohne unsere Lehrer, Freunde, Partner, Kollegen und all die vielen »Menschen des täglichen Lebens«?

Richten Sie Ihr Bewusstsein in diesen Tagen immer wieder einmal auf die Menschen, die gemeinsam mit Ihnen auf dem Weg sind und danken Sie ihnen für alles Gute, das sie tun oder ausstrahlen.

Morgensegen

Beginnen Sie die Tage dieser Woche mit einem Segen für den Tag, der Sie daran erinnert, dankbar für das zu sein, was Ihnen begegnet. Nehmen Sie sich nach dem Aufwachen noch eine Minute Zeit, bevor Sie aufstehen. Versuchen Sie, sich an Ihre Träume zu erinnern – und wenn Erinnerungen aufsteigen, dann danken Sie Ihrem Traumbewusstsein für die Erfahrung. Wenn Ihnen keine Träume mehr einfallen, ist das auch in Ordnung. Legen Sie die Hände auf die Brust, atmen Sie tief ein, und richten Sie Ihre Gedanken auf all das Gute, das Ihnen heute begegnen kann, wenn Sie nur genau hinsehen. Wiederholen Sie siebenmal die Segensworte für diesen Tag:

 Ich bin dankbar für das, was war, das, was ist und das, was kommen mag. Ich bin voll Zuversicht, dass auch dieser Tag mit Dingen gesegnet ist, für die ich dankbar sein darf.

Nach jeder Wiederholung atmen Sie einmal tief durch. Spüren Sie die Kraft des Segens und wenden Sie sich dem Tag und seinen Geschenken zu.

Abendsegen

Das Ritual für die Tage dieser Woche ist ganz einfach. Besorgen Sie sich schönes Papier und einen Stift, zünden Sie einige Kerzen an und hören Sie, wenn Sie möchten, entspannende Musik.

Denken Sie dann noch einmal an den Tag zurück und schreiben Sie fünf Dinge auf, die Sie heute erfahren haben und für die Sie dankbar sind. Das können Kleinigkeiten sein wie die Blumen am Wegrand, die Sonne, die geschienen hat, oder das Lächeln eines kleinen Kindes auf seinem Dreirad. Mindestens zwei Dinge davon sollten jedoch mit Menschen zu tun haben: Wem sind Sie heute begegnet, worüber haben Sie gesprochen und wofür können Sie dankbar sein?

Der Dankesbrief

Nehmen Sie sich diese Woche außerdem einmal etwas Zeit, einen Dankesbrief zu schreiben. Wählen Sie einen Menschen, der Ihnen nahesteht und/oder den Sie schon lange kennen. Überlegen Sie, wofür Sie ihm danken möchten, was Sie durch ihn empfangen haben und wie die Begegnung mit ihm oder ihr dazu geführt hat, dass Ihr Leben bunter und schöner geworden ist. Ganz gleich, ob Sie den Mut haben, den Brief abzuschicken, oder nicht – auf jeden Fall wird Ihre innere Verbindung zu diesem Menschen durch den Brief gestärkt werden.

NACHTGEBET

Ich muss nicht dankbar sein,
ich darf es.
Dankbarkeit ist ein Geschenk,
und dankbar nehme ich es an.

Gesundheit

Die Tage der fünften Sommerwoche sind wieder dem Thema »Gesundheit« gewidmet. An diesen Tagen achten wir besonders darauf, was unserer körperlichen und seelischen Gesundheit guttut und wie sich der heutige Tag in unserem Befinden zeigt. Das sind andere Dinge als im Frühjahr, Herbst oder Winter. Jede Jahreszeit stellt ihre besonderen Anforderungen. Wir müssen das Innere mit dem Äußeren in Harmonie bringen. In dieser Zeit steht nicht mehr Bewegung an erster Stelle, sondern das Aufnehmen des Lichtes und die Muße, es in uns wirken zu lassen.

Bauernregeln

19.07. VINZENZ SONNENSCHEIN
FÜLLT DIE FÄSSER MIT WEIN.
20.07. KLAR MUSS APOLLINARIS SEIN,
DANN BRINGT MAN GUTE ERNTE HEIM.
23.07. HUNDSTAGE (23.07.-23.08.) HELL UND KLAR,
DEUTEN AUF EIN GUTES JAHR; DOCH WENN REGEN
SIE BEREITEN, KOMMEN NICHT DIE BESTEN ZEITEN.

Die Inspiration der Woche

Die fünfte Sommerwoche ist dem Thema Gesundheit gewidmet – und unser inspirierender Mensch für diese Woche ist Gregor Mendel (20.07.1822-06.01.1884), der Priester und Naturforscher war und die Vererbungslehre entwickelte. Genetik hat in manchen Kreisen heute keinen guten Ruf, da der Eingriff des Menschen ins Erbgut ethische und möglicherweise auch gesundheitliche Probleme mit sich bringt. Doch die jahrelange, geduldige Beobachtung der Natur und die klugen Schlussfolgerungen von Gregor Mendel hatten auch zur Folge, dass überhaupt verstanden wurde, wie sich Eigenschaften vererben – und dass heute manche Krankheiten durch dieses Wissen geheilt werden können. Gregor Mendel soll uns inspirieren, genauer hinzusehen und zu beobachten – wir ahnen nicht, welche erstaunlichen Ergebnisse das zeitigen kann.

Harmonie ausstrahlen

Wenn wir krank werden, richtet sich unsere Aufmerksamkeit meist darauf, die Beschwerden in den Griff zu kriegen – zum Beispiel mithilfe von Medikamenten. Doch unsere Gesundheit hat viele Facetten. Auch wenn wir Symptome äußerlich kurzfristig zum Verschwinden bringen, liegt die Ursache doch tiefer, nämlich auf energetischer Ebene.

Gesundheit ist nicht die Abwesenheit von Beschwerden, sondern ein Zustand körperlich-geistiger Harmonie. Um in diesen Zustand zu kommen, ist es wichtig, ein Gleichgewicht zwischen dem Innen und Außen herzustellen, und dazu sollten wir unser Verhalten auf die jeweilige Jahreszeit abstimmen. Im Sommer spendet die Sonne uns viel Lebensenergie – doch wir müssen weise mit ihr umgehen und auf die richtige Dosis achten. Der Sommer lädt uns ein, aktiv zu werden, die Wärme zu genießen, freie Tage am See oder in der Natur zu verbringen – doch aus spiritueller Sicht geht es um mehr: Das Licht der Sonne ist ein Sinnbild für das innere Licht, auf das wir uns jederzeit ausrichten können. Und ebenso wie die Sonne können auch wir Energie ausstrahlen. Ein direkter Weg dazu führt über die Entwicklung unserer Aura. Beim Abendsegen werden Sie eine Methode kennenlernen, durch die Sie Ihre Aura harmonisieren und stärken können.

Morgensegen

Beginnen Sie die Tage dieser Woche mit einem Segensgedanken, um sich auf den Tag einzustimmen und Ihre Gedanken in positiver Weise auf Ihre Gesundheit auszurichten. Wenn Sie aufwachen, nehmen Sie sich drei Minuten Zeit, bevor Sie aufstehen. Gehen Sie in Gedanken Ihren Körper von den Zehen bis zum Scheitel durch. Halten Sie bei Ihrer Reise durch den Körper an den Stellen kurz inne, die sich besonders stark und gesund (gemessen an Ihrem allgemeinen Befinden) anfühlen, und wiederholen Sie jeweils dreimal die Segensworte für diesen Tag:

 Gesundheit durchdringt mich wie ein Licht, das das Dunkel vertreibt. Gesegnet sei dieser Tag.

Nach jeder Wiederholung atmen Sie einmal tief durch. Nehmen Sie die Kraft des Segens wahr und freuen Sie sich auf das, was dieser Tag Ihnen bringen wird.

Abendsegen

Das Zimmer sollte gut gelüftet sein. Stellen Sie sich aufrecht, mit gegrätschten Beinen hin – am besten barfuß. Die Augen sind geschlossen und die Arme hängen passiv neben dem Körper. Kommen Sie innerlich zur Ruhe.

Versuchen Sie, Ihre Körpergrenzen zu erspüren. Wo hört Ihr Körpergefühl auf? Können Sie Ihre Grenzen über die Haut hinaus noch weiter in den Raum hinein wahrnehmen? Bleiben Sie ganz entspannt, lenken Sie einfach nur Ihre Achtsamkeit auf diese Energie, die Sie anfangs vielleicht kaum spüren werden.

– Atmen Sie nun tief aus. Beim Einatmen heben Sie die Arme in einem Halbkreis seitlich nach oben, bis sich die Handflächen über dem Kopf berühren. Stellen Sie sich dabei vor, Sie würden Kraft aus der Erde »aufsaugen«.

– »Atmen Sie mit hochgestreckten Armen aus.« Stellen Sie sich vor, wie die Energie der Erde Ihre Aura stärkt.

– Beim nächsten Einatmen lassen Sie die Arme wieder nach unten sinken. Stellen Sie sich dabei vor, wie alle Ihre Zellen sich mit kosmischem Licht aufladen.

– Atmen Sie aus und lassen die universelle Energie über Ihre Haut hinaus in die Aura strahlen.

Verbinden Sie alle vier Phasen zu einer fließenden Bewegung. Wiederholen Sie den Zyklus siebenmal und entspannen Sie sich anschließend, indem Sie sich kurz hinlegen und der Übung nachspüren.

NACHTGEBET

Ich sorge mich nicht um meine Gesundheit –
in meiner Mitte bin ich immer gesund.
Ich bekümmere mich nicht um Krankheit –
sie erschüttert mein Innerstes nicht.

Ruhe finden

Die Tage der sechsten Sommerwoche sind dem Thema »Ruhe finden« gewidmet. Wir versuchen, an diesen Tagen die Kraft der Ruhe in uns zu finden und zu bewahren und segnen dadurch diesen Tag. Es geht gar nicht in erster Linie um die äußere Ruhe, obwohl die in dieser Zeit auch gut ist, sondern vielmehr um die innere Ruhe des Herzens.

Wundern Sie sich nicht darüber, dass diese »Woche« einen Tag mehr hat. Das ist der Tag, den das Jahr länger als 52 Wochen ist. Warum gerade hier? Weil Sie dann einen Tag mehr haben, um zur Ruhe zu finden …

Bauernregeln

25.07. UM JACOBI HEISS UND TROCKEN,

KANN DER BAUER WOHL FROHLOCKEN.

26.07. SANKT ANNA KLAR UND REIN,

WIRD BALD DAS KORN GEBORGEN SEIN.

29.07. IST SANKT FLORA TROCKEN GEBLIEBEN,

SCHICKT SIE RAUPEN IN KORN UND RÜBEN.

31.07. WIE DER IGNATZ STELLT SICH EIN,

SO STELLT SICH AUCH DER JÄNNER EIN.

Die Inspiration der Woche

Am 28. Juli 1902 wurde der Philosoph Karl Popper geboren – an genau demselben Tag wie meine Großmutter! Das ist aber natürlich nicht der Grund, warum ich ihn für die Tage der sechsten Sommerwoche als Inspiration gewählt habe; Popper steht für klares, kluges und humanes Denken. Auf ihn geht die Erkenntnis zurück, dass wissenschaftliche Theorien nie bewiesen werden können und dass das Trachten der Wissenschaft darauf abzielt, das Vermutete, also die eigenen Theorien, zu widerlegen – wissenschaftliche Theorien zeichnen sich dadurch aus, dass sie prinzipiell (im Gegensatz zum Glauben) widerlegt werden können. Inwiefern passt das zum Thema »Ruhe finden«? Die Haltung, sein scheinbares Wissen stets in Frage zu stellen, bedarf einer grundlegenden Gelassenheit und inneren Ruhe, die uns als Inspiration dienen kann.

Die Quelle der Ruhe entdecken

Unsere Welt wird immer lauter – lauter und unruhiger. Leistungsdruck und Stress bringen viele von uns an die Grenze der Belastbarkeit; sie lassen uns ausbrennen und zerstören unser inneres Gleichgewicht. Dementsprechend groß ist die Sehnsucht nach Ruhe. Und obwohl heute viele nach Wegen suchen, die zur Ruhe führen, wird alles oft noch schlimmer, wenn es die falschen Wege sind. Innere Ruhe und Ausgeglichenheit lassen sich weder durch Ablenkung noch durch Betäubung erreichen. Wahre Ruhe können Sie nur in sich selbst finden. Und das ist vielleicht leichter, als Sie glauben, denn Ruhe ist ein sehr natürlicher Zustand, der Urzustand der Schöpfung, die Quelle allen Seins.

Nutzen Sie die folgenden Tage, um der Kraft der Ruhe nachzuspüren. Eine Möglichkeit, um Tempo aus Ihrem Alltag herauszunehmen, besteht darin, bewusst Inseln der Ruhe einzubauen. Reduzieren Sie die Geschäftigkeit so weit als möglich. Gerade der Sommer bietet die Chance, öfter mal Pause zu machen, eine Siesta einzulegen oder im Schatten eines Baumes seinen Gedanken nachzuhängen. An heißen Tagen fällt es uns ohnehin schwer, uns anzustrengen – warum die Zeit also nicht zur Erholung nützen? Damit Sie innere Ruhe erfahren können, sollten Sie zunächst für äußere Ruhe – und das heißt vor allem für Erholung und Entspannung – sorgen. Fallen Ihnen Möglichkeiten ein, sowohl in der Freizeit als auch mitten im Alltag körperlich und geistig zur Ruhe zu kommen?

Morgensegen

Jeder Tag dieser Woche ist eine Chance, im Lärm der Welt die Kraft der Ruhe zu entdecken. Nehmen Sie sich nach dem Aufwachen ein paar Minuten Zeit für einen Segensgedanken, der Ihnen bewusst macht, dass die Kraft der Ruhe immer in Ihnen ist, und der Sie auf den Tag einstimmt. Bevor Sie aufstehen, hören Sie einmal genau hin: Versuchen Sie, drei entfernte Geräusche zu hören, drei nahe Geräusche und drei Geräusche, die Sie nur in Ihren Gedanken hören können. Atmen Sie dann dreimal tief durch und achten Sie auf die Ruhe, die zwischen all den Geräuschen liegt. Atmen Sie dann noch einmal tief durch und sprechen Sie dreimal die Segensworte für diesen Tag:

....

 In mir finde ich Ruhe, auch im Lärm der Welt. Die Kraft der Ruhe segnet meinen Tag. «

....

Wenn Sie die Segensworte dreimal wiederholt haben, atmen Sie nochmals tief durch, erspüren die Kraft des Segens und blicken Sie dem, was dieser Tag Ihnen bringen wird, mit ruhiger Freude entgegen.

Abendsegen

Für die folgende Ruhe-Meditation sollten Sie sich 10 bis 15 Minuten Zeit nehmen. Schaffen Sie eine harmonische Atmosphäre, setzen Sie sich aufrecht auf den Boden oder einen Stuhl und schließen Sie die Augen.

- Ruhe im Atem: Lassen Sie Ihren Atem zur Ruhe kommen. Versuchen Sie nicht, ihn zu verändern. Wie immer er gerade ist, ob schnell oder langsam, gleichmäßig oder nicht – es ist in Ordnung. Beim Einatmen spüren Sie einfach, dass Sie einatmen, beim Ausatmen, dass Sie ausatmen.
- Ruhe im Körper: Richten Sie die Aufmerksamkeit jetzt auf den Körper. Lassen Sie alle unnötigen Anspannungen los. Lassen Sie Ihren ganzen Körper zur Ruhe kommen.
- Ruhe im Geist: Richten Sie Ihre Achtsamkeit auf Ihren Geist. Während Sie entspannt weiteratmen, lassen Sie die Gedanken und Gefühle zur Ruhe kommen. Wenn Bilder, Erinnerungen, Pläne oder innere Stimmen auftauchen, kehren Sie zur Beobachtung des Atems zurück.
- Pendeln Sie entspannt zwischen diesen drei Polen hin und her. Um die Meditation zu beenden, atmen Sie noch einmal tief durch und strecken sich durch.

NACHTGEBET

Im Lärm der Welt
finde ich Ruhe in mir.
Im Lärm der Gedanken
finde ich Inseln der Stille.

Das Sein
genießen

»Das Sein genießen« – das ist doch wirklich etwas Wertvolles!
Genuss heißt, alle Sinne auf das Wahrgenommene zu richten,
darin zu schwelgen, es in sich aufzunehmen und in einem
Zustand der Freude zu verweilen. Und was könnte besser sein,
als das Sein an sich zu genießen, das Wunder des Lebens. Die
Tage der siebten Sommerwoche, der Mitte des Sommers,
wollen wir ganz diesem Schönen weihen. Wir besinnen uns
an diesen Tagen darauf, was unser Leben wirklich lebenswert
macht und segnen damit diesen Tag.

Bauernregeln

01.08. IST'S VON PETRI BIS LORENZI (10.08.) HEISS,

DANN BLEIBT DER WINTER LANGE WEISS.

05.08. OSWALDTAG MUSS TROCKEN SEIN,

SONST WERD'N TEUER KORN UND WEIN.

07.08. AN SANKT AFRA REGEN

KOMMT DEM BAUERN UNGELEGEN.

Die Inspiration der Woche

In der siebten Sommerwoche wollen wir Maximilian Stadlers (04.08.1748–08.11.1833) gedenken; ein Mensch, der heute fast vergessen ist. Er wurde als Kind eines Bäckers geboren, sang bereits als Kind im Kirchenchor, lernte Orgel und Komposition, trat ins Kloster ein, wurde Priester und schließlich sogar Abt. Das hört sich nach viel Fleiß und nach nicht viel Genuss an. Doch die Musik war für Stadler Freude wie Genuss – und bei allem Fleiß wusste er wohl sein Leben zu genießen. Die Stiftschronik warf ihm Lustreisen nach Linz und Wien vor, stellt aber auch heraus, dass Stadler ein hervorragender Musiker war. Maximilian Stadler kann uns also durchaus eine Inspiration sein, das Leben mit allen Sinnen wahrzunehmen – und uns vor Augen führen, dass Fleiß, Kunst, Spiritualität und Genuss keine Gegensätze sind.

Zeit zu leben, Zeit zu genießen

Loslassen, Lachen, Genießen – es scheint so, als ob diese so selbstverständlichen Ausdrucksmöglichkeiten von Freude und Lebenslust uns heute immer schwererfallen. Wir mäßigen uns oft maßlos, lassen uns von Diäten, Ernährungstheorien, Gesundheits- und Fitnessneurosen knechten. Wir versuchen, ständig alles im Griff zu haben und möglichst perfekt zu funktionieren. Wir leben nach dem Motto: »Erst die Arbeit, dann das Vergnügen«, und erkennen zu spät, dass das Vergnügen und das Genießen in dieser Gleichung oft völlig auf der Strecke bleiben.

Studien belegen, dass es in unserer Wohlstandsgesellschaft immer schwieriger wird, das Leben zu genießen. Doch wir können unser Leben unmöglich heiligen, können unsere Lebenszeit unmöglich wertschätzen, wenn wir es verlernen, uns dem Augenblick hinzugeben und zwischendurch auch einmal »die Zeit anzuhalten«. Nichts gegen eine aktive Lebensgestaltung oder eine effektive Planung, doch unsere Zeit auf dieser Erde ist sehr begrenzt. Wann, wenn nicht jetzt, werden wir also wirklich zu leben beginnen?

Welche Möglichkeiten bietet der Sommer Ihnen, für mehr Genuss und Lebensfreude zu sorgen? Können Sie jeden Tag wenigstens eine Sache finden, die Sie ganz bewusst auskosten können? Gibt es kleine, einfache Alltagsrituale, die Ihnen ein »Feierabend-Gefühl« verschaffen? Und was hält Sie eigentlich davon ab, Ihr Handy abends abzuschalten und wieder ganz bei sich anzukommen?

Morgensegen

Wenn Sie an den Tagen dieser Woche aufwachen, dann nehmen Sie sich Zeit, sich mit einem Segensgedanken auf diesen einmaligen Tag einzustimmen. Legen Sie die Hände auf die Brust, und richten Sie Ihre Gedanken auf drei Dinge, die Ihr Leben lebenswert machen. Wiederholen Sie dann jeweils dreimal die Segensworte für diesen Tag:

 Das Leben bringt mir heute, was ich genießen darf. Ich öffne mich für alles Schöne, was auf mich zukommt. Gesegnet sei dieser Tag.

Nach jeder Wiederholung atmen Sie einmal tief durch. Spüren Sie die Kraft des Segens und freuen Sie sich darauf, was dieser Tag bringen wird.

Abendsegen

Für den Abendsegen dieser Woche möchte ich Ihnen eine kleine Auswahl anbieten. Segnen Sie den Tag durch Ihre Lebensfreude, und helfen Sie ihr in diesen Tagen ruhig etwas nach. Suchen Sie sich aus den folgenden Möglichkeiten jeden Tag eine aus, um die Kunst des Genießens neu zu erlernen.

– Musik genießen: Legen Sie sich auf Ihr Sofa und wählen Sie eine Musik aus, bei der Sie sich gut entspannen können. Schließen Sie die Augen und versinken Sie ganz im Klang. Beobachten Sie, ob die Musik angenehme Bilder in Ihnen weckt und inwiefern sie sich auch heilsam auf Ihren Körper auswirkt.

121

– Eine Praline genießen: Legen Sie ein kleines Stück Schokolade auf ein schönes Tellerchen. Achten Sie auf die Farbe und die Form. Riechen Sie dann an der Schokolade und nehmen Sie das Aroma bewusst auf. Achten Sie darauf, wie sich Ihre Gefühle dadurch ändern. Legen Sie die Schokolade schließlich auf die Zunge und lassen Sie sie dort zergehen. Können Sie die Geschmacksexplosion bewusst wahrnehmen? Lassen Sie sich Zeit.

– Genießen Sie die Natur: Öffnen Sie das Fenster und beobachten Sie den Himmel. Wenn es warm genug ist, können Sie sich auch auf eine Wiese legen. Genießen Sie das Gefühl, von der Erde getragen zu werden. Spüren Sie die Luft auf Ihrer Haut und lauschen Sie den Klängen der Natur.

NACHTGEBET

Das Leben ist ein Schatz,
den es zu heben gilt.
Das kostet etwas Mühe –
doch wie spannend ist die Suche!

Tun und Lassen ins Gleichgewicht bringen

An den Tagen der achten Sommerwoche wollen wir uns dem Wechselspiel zwischen Aktivität und Muße, zwischen Tun und Lassen widmen. Wir besinnen uns an diesen Tagen darauf, wie wichtig es ist, beide Pole in einem harmonischen Gleichgewicht zu bewahren. Ein Leben in ständiger Aktivität gleicht einem Hamsterrad – ein Leben ausschließlich in Muße gleicht einem Stein, der Moos ansetzt. Das sinnerfüllte Leben spielt sich zwischen der suchenden Aktivität und der verarbeitenden Muße, in der das Wachstum stattfindet, ab. Je mehr diese beiden im Einklang sind, desto harmonischer schwingt unser Leben.

Bauernregeln

08.08. IST'S HEISS AN SANKT DOMINIKUS,
EIN STRENGER WINTER KOMMEN MUSS.
10.08. LAURENZ IM SONNENSCHEIN,
WIRD DER HERBST GESEGNET SEIN.
14.08. LEUCHTEN VOR HIMMELFAHRT DIE STERNE,
DANN HÄLT SICH DAS WETTER GUT UND GERNE.

Die Inspiration der Woche

Unsere Inspiration für die achte Sommerwoche ist Jakob Gujer (09.08.1716 – 02.10.1785). Er wuchs in einer großen Bauernfamilie auf und wurde früh Waise. Und dennoch wurde auch er Bauer – aber was für einer! Er verbesserte den Anbau von Futterpflanzen, baute erstmals Klee als Kuhfutter an, und er erkannte die Bedeutung der Kartoffel als Grundnahrungsmittel. Seine Bewirtschaftungsmethoden waren so innovativ und klug, dass er bald schon große Berühmtheit erlangte. Außerdem interessierte er sich für Fragen des gesellschaftlichen Zusammenlebens und tauschte sich gerne mit Gelehrten aus; sogar Johann Wolfgang von Goethe und der Herzog Carl August von Sachsen suchten ihn auf. Und nicht nur das: Auch über Erziehung machte er sich Gedanken – der berühmte Pädagoge Pestalozzi nahm Gujer vielfach als Vorbild. Gujers Ideen treffen genau unser Thema der Woche: Das Tun und Lassen ins Gleichgewicht bringen.

Harmonie zwischen zwei Polen

Tag und Nacht, Sommer und Winter, Sonne und Mond, Aktivität und Muße – unser Leben bewegt sich ständig zwischen zwei Polen; so wie das Ein- und Ausatmen aufeinander folgen, so sollten auch Zeiten des Tätigseins sich mit solchen der Muße abwechseln.

Leider ist das nicht so einfach. Während manche pausenlos unter Strom stehen und das Leben mit einer To-do-Liste verwechseln, lassen andere sich von Trägheit beherrschen und schauen gleichsam tatenlos zu, wie ihr Leben an ihnen vorbeizieht. Sicher kennen auch Sie Zeiten, in denen Sie aus dem Gleichgewicht geraten, weil Aktivität in Nervosität oder Entspannung in Erschöpfung umschlagen. Doch nur wenn wir eine Balance zwischen Tun und Lassen herstellen, können Körper und Seele in Harmonie sein.

Wenn in einer der beiden Waagschalen ein Übergewicht herrscht, kann das auf Dauer fatale Auswirkungen haben. Körperliche und vor allem auch seelische Probleme können daraus resultieren. So kann ein Zuviel an Aktivität Schlaflosigkeit bewirken, während Energiemangel zu Depressionen führen kann. Doch auch die Zwischenzustände, in denen wir weder richtig entspannt noch wirklich aktiv sind, kosten viel Energie.

Versuchen Sie in dieser Woche herauszufinden, was Sie im jeweiligen Moment Ihres Lebens brauchen, ob Ruhe oder Tätigsein. Hüten Sie sich aber auch vor Halbherzigkeit. Ob Sie aktiv und schöpferisch sind oder sich aber ausruhen – tun

Sie beides immer zu hundert Prozent. Nur so werden Sie eine gesunde, individuelle Balance zwischen Tun und Lassen finden.

Morgensegen

Der Tag beginnt nach der Nachtruhe am besten mit ein wenig Aktivität: Wenn Sie aufstehen wollen, dann zögern Sie nicht lange, auf in den Tag! Oder wollen Sie sich lieber noch ein wenig ausruhen? Dann geben Sie sich eben noch ein paar Minuten ganz der Ruhe hin und entspannen sich. Heute geht es darum zu spüren, wie sich der Unterschied zwischen Muße und Aktivität anfühlt, und dass Sie selbst spüren, was gerade das Bessere für Sie ist.

Stimmen Sie sich mit einem Segensgedanken auf den Tag ein. Lassen Sie nach dem Aufstehen die Arme kreisen und schütteln Sie Ihre Beine locker aus – bewegen Sie sich ein bisschen. Stehen Sie dann für kurze Zeit still, ganz ruhig, breiten Sie die Arme aus und wiederholen Sie fünfmal die Segensworte für diesen Tag:

Wenn ich ruhe, ruhe ich. Wenn ich etwas tue, tue ich es. So kommt kein Zwiespalt in mir auf und ich bin in Harmonie. Gesegnet sei dieser Tag.

Nach jeder Wiederholung atmen Sie einmal tief durch. Spüren Sie die Kraft des Segens und öffnen Sie sich für das, was dieser Tag Ihnen bringen wird.

Abendsegen

Lassen Sie den heutigen Tag zunächst noch einmal kurz vor Ihrem inneren Auge ablaufen:

- Versuchen Sie drei Situationen auszumachen, in denen Sie sehr aktiv waren oder, falls Ihnen das nicht gelungen ist, die zumindest eine gute Möglichkeit geboten hätten, bestimmte Dinge tatkräftig anzupacken.

- Denken Sie dann an drei Momente der Ruhe – sei es, dass Sie sich tatsächlich tief entspannt haben, oder sei es, dass Sie diese Augenblicke gut für Ihre Erholung hätten nutzen können. Durch diese Reflexion wird es Ihnen in Zukunft immer besser gelingen zu erkennen, wann die richtige Zeit zum Handeln oder für die Entspannung gekommen ist.

- Stellen Sie sich nun aufrecht hin – die Beine sind leicht gegrätscht. Atmen Sie vorbereitend tief aus. Während Sie langsam durch die Nase einatmen, heben Sie die Arme in einem großen Halbkreis seitlich über den Körper, bis die Finger hoch zur Decke weisen. Heben Sie den Kopf am Ende der Einatmung nach oben und lassen Sie den Brustraum ganz weit werden. Öffnen Sie sich durch diese Geste.

- Nach der aktiven Phase lassen Sie die gestreckten Arme wieder seitlich sinken. Atmen Sie währenddessen tief aus, bis die Arme passiv neben dem Körper hängen. Entspannen Sie die Schultern und lassen Sie das Kinn leicht nach unten sinken.

Wiederholen Sie den Wechsel zwischen aktiver und passiver Phase einige Male und legen Sie sich anschließend kurz auf den Rücken, um nachzuspüren.

NACHTGEBET

Mal ruhig, mal bewegt –
zu jeder Zeit das Rechte.
Die Muße gibt dem Tun erst Kraft,
und Tätigkeit befreit zur Muße.

Das Licht in sich aufnehmen

Die Tage der neunten Sommerwoche segnen wir, indem wir »Das Licht in uns aufnehmen«, das bedeutet, den guten Kräften in uns Raum geben und das, was unsere Seele verdunkelt, vertreiben. Welche Jahreszeit eignet sich wohl mehr, um Licht in uns aufzunehmen, als der Sommer? Nur sollten wir das Licht nicht nur äußerlich genießen, sondern uns vor allem auf unser inneres Licht besinnen. So dunkel es auch ist: In der Tiefe unserer Seele lebt ein Licht. Indem wir die guten Kräfte in uns kultivieren, strahlt dieses Licht hell auf und vertreibt jedes Dunkel.

Bauernregeln

15.08. WER RÜBEN WILL RECHT GUT UND ZART,
SÄ' SIE AN MARIÄ HIMMELFAHRT.
16.08. WENN SANKT ROCHUS TRÜBE SCHAUT,
KOMMEN RAUPEN IN DAS KRAUT.
18.08. ZU AGAPIUS DAS HOLZ DIR SCHLAG',
DANN FAULT'S NICHT BIS ZUM JÜNGSTEN TAG.

Die Inspiration der Woche

Der Dichter Matthias Claudius (15.08.1740–21.01.1815) ist unsere Inspiration für die neunte Sommerwoche. Matthias Claudius war früh mit dem Tod konfrontiert. Als er elf Jahre alt war, starben kurz nacheinander seine Schwester und seine zwei Brüder. Der Tod spielt in seinen Werken eine wichtige Rolle, und er widmete sie »Freund Hain«. Doch, was ihn zu unserer Inspiration macht, ist, dass seine Werke trotz dieser persönlichen Schicksalsschläge nicht von Trauer und Schwermut gekennzeichnet sind, sondern von Liebe zum Leben, zur Freude und zum Licht.

Wie außen so innen – Die Energie des Lichts

Der menschliche Organismus reagiert stark auf das Wetter – insbesondere auf die Temperatur- und die Lichtverhältnisse. Doch es ist nicht nur unsere Physis, auch unsere Gefühle reagieren darauf: An dunklen Tagen fühlen wir uns bedrückter oder haben weniger Energie. Depressionen und Trauer werden oft als die »dunklen« Zustände der Seele beschrieben. Auch Zustände wie Ängste, Sorgen, Gier oder Ärger verdunkeln unsere innere Klarheit und legen sich wie ein Vorhang vor unsere Seele.

Im Gegensatz dazu ist das »Licht« positiv besetzt. Denken Sie nur an den Begriff der »Erleuchtung« oder daran, dass es in der biblischen Schöpfungsgeschichte heißt: *»Gott sprach: Es werde Licht! Und es wurde Licht. Und Gott sah, dass das Licht gut war.«* (1. Mose 1)

Die hellen Sommertage laden uns dazu ein, uns auf das Licht auszurichten. Nutzen Sie diese Tage, um die unterschiedlichen Erscheinungsformen von Licht bewusst wahrzunehmen. Achten Sie auf die unterschiedlichen Stufen von Helligkeit, je nachdem ob Sie sich im Keller, in Büroräumen, im Schatten des Waldes oder auf einer sonnigen Wiese aufhalten. Und wie verändert sich das Licht im Laufe eines Tages? Schauen Sie so oft wie möglich in den Himmel. Lassen Sie das Licht auf sich wirken, und nehmen Sie es als eine Form der Energie wahr, für die Sie sich öffnen und die Sie aufnehmen können.

Morgensegen

An den Tagen dieser Woche sollten Sie ein wenig früher aufstehen – vielleicht nur fünf Minuten. Sobald Sie erwachen, gehen Sie zum Fenster und blicken Sie in den Himmel. Wenden Sie Ihre Handfläche nach vorn und wiederholen Sie siebenmal die Segensworte für diesen Tag:

> *Das Lichte in mir zieht das Gute an und wärmt mein Herz und meine Seele. Licht segne diesen Tag.*

Nach jeder Wiederholung schließen Sie kurz die Augen und atmen einmal tief durch. Stellen Sie sich dabei vor, wie beim Ausatmen Ihr inneres Licht leuchtet und nach außen strahlt, um dann beim Einatmen als bunteres, strahlenderes Licht in Sie zurückzukehren. Genießen Sie die Kraft des Segens und freuen Sie sich auf das, was dieser Tag Ihnen bringen wird.

Abendsegen

Zünden Sie eine Kerze an. Setzen Sie sich aufrecht und entspannt vor die Kerze und betrachten Sie die Flamme. Machen Sie sich bewusst, dass Feuer – das Element des Sommers – nicht nur Wärme, sondern auch Licht spendet. Schließen Sie dann die Augen, um Ihre Aura mit Licht aufzufüllen. Atmen Sie einige Male entspannt ein und aus und lösen Sie sich innerlich von allen düsteren Gedanken.

- Beim nächsten Einatmen stellen Sie sich vor, wie Sie Licht aus dem Universum aufnehmen – visualisieren Sie, wie das Licht von oben in Sie einströmt und vom Kopf bis in Ihr Herz strömt. Falls es Ihnen leichterfällt, können Sie das Licht auch als gelben Strahl visualisieren.
- Ausatmend visualisieren Sie, dass das Licht sich von Ihrem Herzen aus im ganzen Körper verteilt und bis in Ihre Aura hineinstrahlt.

– Wiederholen Sie diese Meditation einige Male. Mit etwas Übung wird Ihre Vorstellungskraft immer stärker werden. Strengen Sie sich jedoch nicht an. Die Meditation sollte in allen Phasen ganz natürlich und entspannend sein. Schließen Sie die Übung ab, indem Sie dreimal tief durchatmen, Ihren Körper spüren und die Augen dann wieder öffnen.

::

NACHTGEBET

Wo Dunkel ist in mir,
dort zünd' ich eine Kerze an.
Das Licht ist jetzt, das Licht ist hier,
ins warme Licht geh ich voran.

133

Sich dem Fluss anvertrauen

Die Tage der zehnten Woche des Sommers weihen wir der Anpassungsfähigkeit des Wassers. Wir werden uns der verwandelnden Kraft des Wassers bewusst, das alles überwindet, ohne sich darum zu bemühen, sondern einfach dadurch, dass es seiner Natur folgt. Das Wasser kann sich sogar dem Feuer anpassen: Es wird zu Dampf und sammelt sich dann wieder. Sich dem Fluss anzuvertrauen ist gerade in der Zeit, die vom Element Feuer regiert wird, wichtig. Der Fluss des Lebens führt uns mühelos durch das heißeste Feuer, und wir gehen unbeschadet aus den Flammen hervor.

Bauernregeln

24.08. BARTHOLOMÄ VOLL SONNENGLUT
MACHT WEIN UND REBEN STARK UND GUT.
28.08. ZUM HEILIGEN SANKT AUGUSTIN,
DA GEH'N DIE WARMEN TAGE HIN.

Die Inspiration der Woche

Das Universalgenie Johann Wolfgang von Goethe und seine zahlreichen Werke können uns natürlich immer zur Inspiration dienen; doch da sein Geburtstag der 28. August 1749 ist, habe ich ihn als Patron für die zehnte Sommerwoche gewählt. Er passt auch besonders gut zum Thema dieser Woche, »Sich dem Fluss anvertrauen«, denn Goethe folgte seinen vielseitigen Neigungen und erreichte Außergewöhnliches, in allem, was er begann, von Naturwissenschaften bis zur Dichtung – er vertraute sich dem Fluss des Lebens an und bezog seine Inspiration aus seiner Lebendigkeit, von der seine Werke bis heute zeugen.

»Ja« sagen lernen

Damit es uns gelingt, den Tag in eine gesegnete Zeit zu verwandeln, ist es nötig, zwischendurch vollkommen loszulassen und sich dem Fluss des Seins anzuvertrauen. Wie oft leben wir in dem Gefühl, alles kontrollieren zu müssen? Doch je mehr wir das Unwesentliche festhalten, desto mehr entgleitet uns das Wesentliche. Nehmen Sie sich in diesen Tagen vor, das

Geheimnis des »Nicht-Widerstrebens« zu ergründen und sich davon inspirieren zu lassen. Hier können wir viel vom Fluss lernen, der nie festhält, sondern sich allen Gegebenheiten anpasst und beweglich und sanft bleibt. Und doch ist Wasser sehr mächtig und stark, da Nachgiebigkeit nichts mit Schwäche zu tun hat.

Was hindert Sie daran, dem Fluss zu folgen und darauf zu vertrauen, dass die Natur oder die göttliche Weisheit genau weiß, was sie tut? Sind es Ihre inneren Widerstände, die es so schwer machen loszulassen? Ist es die Weigerung, das, was ist, anzunehmen? Vielleicht die Angewohnheit, zu oft »Nein« zu sagen? Welche Chancen bietet dieser Tag, »Ja« zu sagen? Zum Beispiel »Ja« zu Ihrem Partner, Ihren Kindern, Ihren beruflichen Aufgaben oder dem Wetter? Und gelingt es Ihnen auch, öfter einmal zu sich selbst »Ja« zu sagen?

Morgensegen

Wenn Sie aufwachen, dann nehmen Sie sich etwas Zeit, bevor Sie aufstehen. Halten Sie Ihren Körper ganz still, bewegen Sie sich nicht – so lange, bis Sie spüren, dass Sie dem Drang nicht länger widerstehen können. Lassen Sie Ihren Körper sich bewegen, tun Sie nichts absichtlich. Strecken und rekeln Sie sich so, wie es Ihr Körper will. Lassen Sie die Bewegungen immer größer werden, lassen Sie sie fließen. Dann entspannen Sie sich kurz und spüren Sie nach, wie es sich anfühlte, einfach Ihrer Natur zu folgen, und wiederholen dann fünfmal die Segensworte für diesen Tag:

Ich will heute nachgiebig sein wie das Wasser. Ich folge meiner Natur, ohne Mühe, ohne Willen. Ich bin im Fluss mit mir und dem Leben und segne diesen Tag.

Nach jeder Wiederholung atmen Sie einmal tief durch. Spüren Sie die Kraft des Segens und öffnen Sie sich für alles, was dieser Tag Ihnen bringen wird.

Abendsegen

Visualisierungen sind eine gute Möglichkeit, sich am Ende des Tages schöne Erfahrungen zu schenken. Je öfter Sie sie einsetzen, desto plastischer werden die Bilder und desto entspannender die Wirkung.

– Legen Sie sich bequem auf den Rücken – am besten auf einen weichen Teppich oder auf ein Sofa. Decken Sie sich zu, schließen Sie die Augen und lassen Sie die Gedanken zur Ruhe kommen. Stellen Sie sich nun vor:

Sie gehen an einem wunderschönen Strand spazieren. Es ist ein warmer Sommertag, und sogar die Brise, die sanft über Ihre Haut weht, ist angenehm warm. Sie spüren Ihren ganzen Körper und fühlen sich sehr entspannt. Das Rauschen des Meeres, das hellblaue und türkise Farbspiel, das flirrende Licht über dem Sand – alles lädt Sie dazu ein, schwimmen zu gehen. Sie ziehen sich aus und tauchen in das Meer aus Licht ein. Schon die erste Berührung der Wellen ist sehr angenehm und warm. Langsam gehen Sie immer tiefer hinein, tauchen immer tiefer ins Licht ein und lassen sich auf dem Rücken treiben. Sie lassen sich vom Licht tragen und spüren, wie Wärme und Licht Ihren ganzen Körper umspülen und wie kleine Wellen Sie auf und ab schaukeln. Sie blicken in den Himmel, sehen die Wolken und einige Möwen, die weit oben kreisen.

Genießen Sie diesen Moment. Ihr Körper ist warm und leicht. Sie können sich ganz dem Wasser anvertrauen. Sie fühlen sich geborgen und entspannt und genießen diesen Augenblick mit Körper und Seele ... Beenden Sie die Visualisierung, indem Sie langsam ins Hier und Jetzt zurückkommen. Spüren Sie Ihren Körper, wie er auf dem Boden aufliegt. Vertiefen Sie die Atmung, strecken Sie sich durch und öffnen Sie dann wieder die Augen.

NACHTGEBET

Das Wasser müht sich nicht
das Meer zu finden:
Es ist nur es selbst.
Ich werde wie das Wasser sein.

Nichts tun müssen

Es ist schon die elfte Woche des Sommers! So schnell kam der Sommer, und jetzt kommt bereits die erste Ahnung seines Endes. Jetzt wird vielerorts das Vieh wieder ins Tal getrieben, die warme Zeit ist bald vorüber. Es ist viel zu tun – doch dann und wann ist es nötig, im Tun innezuhalten und sich zu besinnen. Die Tage dieser Woche wollen wir dadurch segnen, dass wir uns bewusst werden, dass wir nicht immer alles kontrollieren und ständig in Aktion sein müssen. Es tut gut, diese Last ablegen zu dürfen!

Bauernregeln

01.09. GIB AUF ÄGIDIUS WOHL ACHT,
ER SAGT DIR, WAS DER MONAT MACHT.
04.09. ZU SANKT VEIT (15. JUNI) GEHT'S VIEH
AUF'D WEID', SANKT ROSAL TREIBT'S INS TAL.

Die Inspiration der Woche

In der elften Woche des Sommers wollen wir uns die große Ärztin, Pädagogin und Philosophin Maria Montessori (31.08.1870–06.05.1952) zum Vorbild nehmen. Sie war eine der ersten Frauen Italiens, die promovierten; sie wurde Kinderärztin und die Begründerin der Montessori-Pädagogik. Und diese Form der Pädagogik hat direkt mit unserem Thema zu tun: Der an Schulen sonst übliche Druck fällt weg, die Einmaligkeit des Kindes steht im Vordergrund – das Kind wird ermutigt, das zu tun, zu dem seine natürliche Freude es führt. Es muss nichts tun, sondern will etwas tun und ist dadurch aufnahmebereit und hat Freude am Neuen. So sollten wir auch mit uns selbst umgehen.

Einfach nur sein ist mehr als genug

Wann haben Sie das letzte Mal nichts getan? Und ich meine jetzt wirklich gar nichts! Schlafen zählt also nicht. Lesen, Musikhören, Fernsehen oder Telefonieren natürlich erst recht nicht. Geht es Ihnen auch so, ständig in dem Gefühl zu leben, sich nützlich machen zu müssen oder wenigstens so zu tun, als ob? In unserer Gesellschaft gilt es als ganz normal, Dinge und Menschen nach ihrem Nutzen zu beurteilen; aber ist es das wirklich? Welchen Nutzen hat ein Baum? Welchen Nutzen haben Wolken oder Schmetterlinge? Höchstens den, den wir in sie hineininterpretieren. Doch natürlich kümmert es die Wolken wenig, ob wir sie nützlich finden. Und auch den Schmetterlingen ist es gleichgültig, ob wir sie als »Nutztiere« einordnen oder nicht – es genügt ihnen voll und ganz, zu sein.

Genauso wie Bäume, Wolken oder Schmetterlinge dürfen auch wir einfach nur sein. Wir müssen nicht ständig nützlich sein, brauchen nicht dauernd zu überlegen, was wir als Nächstes tun sollen. Um die Schönheit zu entdecken, die jeder einzelne Tag für uns bereithält, ist es sogar sehr wichtig, öfter einmal nur zu sein und rein gar nichts zu tun. Und natürlich können uns die warmen Sonnentage sehr dabei entgegenkommen, öfter einmal so richtig faul zu sein.

Morgensegen

Stimmen Sie sich heute mit einem Segensgedanken auf den kommenden Tag ein. Wenn Sie aufwachen, dann nehmen Sie sich noch Zeit, um zu überlegen, welche Pflichten und Aufgaben Sie möglicherweise vor sich haben. Machen Sie sich dann bewusst, dass Sie nicht dazu verurteilt sind, ständig alles zu kontrollieren und im Griff zu haben, und dass Sie im Grunde Ihrer Seele frei sind. Wohin Ihr Weg Sie führt, das entscheiden Sie immer noch selbst.

Legen Sie die Hände über Ihr Herz und wiederholen Sie siebenmal die Segensworte für diesen Tag:

 Jedes »Müssen« braucht ein »Wenn«. Ich tue, was mein Herz mir zeigt. Ich lebe frei, und Freiheit segnet meinen Tag.

Nach jeder Wiederholung atmen Sie einmal tief durch. Spüren Sie die Kraft des Segens und freuen Sie sich darauf, die Möglichkeiten der Freiheit zu erkunden, die dieser Tag Ihnen bringt.

Abendsegen

Beenden Sie den Tag damit, einmal gezielt gar nichts zu tun. Sie brauchen für dieses kleine Ritual nur wenig Zeit. Und natürlich müssen Sie es nicht unmittelbar vor dem Zubettgehen ausführen und können sich anschließend immer noch den Dingen widmen, die Sie heute noch tun wollen.

– Zünden Sie einige Kerzen an. Stellen Sie ein Bild auf, das für Sie die Qualität des Feuers repräsentiert. Das kann ein Foto, ein Gemälde oder auch ein selbst gemaltes Bild sein. Als Motive eignen sich die Sonne, eine lichtdurchflutete Landschaft oder inspirierte Bilder von Lichtwesen.

– Setzen oder legen Sie sich an einen bequemen Platz, jedoch nicht in Ihr Bett, da Sie sonst zu leicht einschlafen würden, und darum geht es beim Nichtstun nicht.

– Nehmen Sie sich einen festen Zeitrahmen vor – sagen wir zehn Minuten. Verzichten Sie in dieser Zeit auf alle

Tätigkeiten. Schalten Sie weder Fernseher noch Musik an, greifen Sie nicht zum Telefon und nicht zum Computer. Ruhen Sie sich einfach nur aus. Ruhen Sie den Körper aus. Versuchen Sie noch nicht einmal, Ihre Konzentration darauf zu lenken, Ihre Muskeln oder Gedanken zu entspannen, denn selbst das wäre eine Aktivität, ein geistiges »Tun«. Natürlich können Sie es nicht vermeiden, dass Gedanken oder Gefühle auftauchen, doch schenken Sie ihnen keine besondere Beachtung.

– Bemerken Sie, was immer Sie im jeweiligen Augenblick wahrnehmen, aber greifen Sie nicht ein. Tun Sie einfach gar nichts mehr und genießen Sie dieses Gefühl.

NACHTGEBET

Ich muss nichts tun,
die Dinge geschehen von allein.
Ich denke nicht an Pflichten,
sondern lasse mich von
meinem Herzen führen.

143

Auf seinem Weg bleiben

In der zwölften Woche des Sommers wollen wir uns wieder auf unsere Herzensziele besinnen und nachsehen, ob wir noch auf dem richtigen Weg sind. Stimmen unsere Ziele mit unseren Werten überein? Wissen wir, wie es sich anfühlen wird, wenn wir unser Ziel erreicht haben, was es in unserem Leben verändert? Haben wir einen Zeitrahmen, innerhalb dessen wir unser Ziel erreichen wollen? All das sind wichtige Fragen: Ohne Werte ist ein Ziel wertlos, ebenso eines, das nichts in unserem Leben verändert. Ohne Zeitrahmen werden wir unser Ziel »irgendwann« – das heißt drei Tage nach Sankt Nimmerlein – erreichen.

Bauernregeln

06.09. WIE'S WETTER AM SANKT MAGNUSTAG,

ES SO VIER WOCHEN BLEIBEN MAG.

07.09. IST REGINA WARM UND SONNIG,

BLEIBT DAS WETTER LANGE WONNIG.

08.09. WIRD MARIÄ GEBURT GESÄT,

IST'S NICHT ZU FRÜH UND NICHT ZU SPÄT.

09.09. BRINGT SANKT GORGON REGEN,

FOLGT EIN HERBST MIT BÖSEN WEGEN.

10.09. AN MARIÄ NAMEN SAGT DER SOMMER AMEN.

Die Inspiration der Woche

Der inspirierende Mensch, der uns während der zwölften Woche des Sommers begleitet, ist Max Daetwyler, der am 07. September 1886 als zwölftes Kind eines Gastwirts geboren wurde. Er war Pazifist und der erste Schweizer Kriegsdienstverweigerer, der deswegen entmündigt werden sollte, verhaftet und in die Psychiatrie eingewiesen wurde – und trotzdem, bis zu seinem Tod 1976, auf seinem Weg blieb und für eine durchwegs gewaltlose Lebensführung eintrat.

Einen langen Atem wahren

Ein bekanntes chinesisches Sprichwort lautet: »Auch eine Reise von 1000 Meilen beginnt mit einem einzigen Schritt.« Das stimmt, allerdings endet die Reise mit diesem ersten

Schritt leider noch lange nicht. Bestimmt kennen auch Sie Menschen, die viel beginnen, aber nie etwas zu Ende führen. Gerade wenn man vielseitig interessiert ist, kann es leicht passieren, dass man sich verzettelt und vom Weg abkommt. Wir können unsere Ziele nie erreichen, wenn wir sie ständig verändern. Natürlich gibt es auch fragwürdige oder unerreichbare Ziele, und dann ist es weise, sie aufzugeben – doch, wenn Sie ein Ziel verfolgen, das Ihnen wirklich wichtig ist, brauchen Sie Beständigkeit. Wenn Sie keinen langen Atem haben, nützt Ihnen auch Willenskraft wenig. Nur durch Geduld und Ausdauer werden Sie langfristig auf Ihrem Weg bleiben, und das wirkt sich sehr segensreich auf Ihr Leben aus. Zum einen wird es Sie vor Chaos bewahren, und zum anderen werden Sie erreichen, was Sie sich vorgenommen haben. Nicht zuletzt fühlt es sich auch sehr befriedigend an zu beenden, was man begonnen hat.

Was können Sie heute tun, um auf dem Weg zu Ihrem Ziel zu bleiben? Oft genügen dabei schon ganz kleine Schrittchen. Und was sollten Sie lieber unterlassen, um sich nicht ablenken zu lassen?

Morgensegen

Wenn Sie in dieser Woche erwachen, so stimmen Sie sich mit einem Segensgedanken für Ihre Herzensziele auf den Tag ein. Sobald Sie aufwachen, nehmen Sie sich etwas Zeit. Denken Sie an Ihre Ziele, betrachten Sie diese und überlegen Sie, ob sich etwas verändert hat. Sind es noch Ihre Herzensziele?

Oder haben Sie etwas Neues gelernt, das Ihre Ziele in einem neuen Licht erscheinen lässt? Sind Sie auf dem Weg? Grübeln Sie nicht lange über diese Dinge nach, sondern richten Sie Ihre Aufmerksamkeit nur kurz dorthin. Ihre Gefühle sagen Ihnen, was wichtig ist.

Legen Sie dann die Hände zunächst auf den unteren Bauch, dann in die Leibmitte und dann die Brustmitte, richten Sie Ihre Gedanken auf die Ziele, die Ihrem Herzen besonders nahestehen und wiederholen Sie jeweils dreimal die Segensworte für diesen Tag:

 Mein Herzensziel zieht mich zu sich und segnet diesen Tag.

Nach jeder Wiederholung atmen Sie einmal tief durch, spüren die Kraft des Segens und freuen sich auf das, was Sie Ihren Herzenszielen heute näher bringen wird.

Abendsegen

Für das heutige Ritual benötigen Sie vier Teelichter auf Untersetzern. Stellen Sie sie so auf den Boden, dass eine Kerze rechts, eine links, eine vor und eine hinter Ihnen steht. Die vier Kerzen bilden ein Kreuz, in dessen Mitte Sie stehen. Stehen Sie stabil und legen Sie Ihre Hände auf die Brust.

– Blicken Sie in die Kerze, die vor Ihnen steht. Stellen Sie sich Ihr Ziel vor und überlegen Sie, warum Sie es verfolgen.

– Machen Sie dann eine Vierteldrehung nach rechts (also zu der Kerze, die zuvor zu Ihrer Rechten stand). Schauen

Sie in die Flamme. Überlegen Sie, was der erste Schritt auf Ihrer Reise war und welche Schritte Sie bisher gemacht haben. Erkennen Sie dankbar an, dass Sie sich bereits auf den Weg gemacht haben.

– Drehen Sie sich weiter nach rechts, bis Sie auf die dritte Kerze blicken. Sie sind jetzt auf dem Weg. Nehmen Sie sich vor, sich von nichts abbringen zu lassen. Spüren Sie den Boden unter Ihren Füßen und verankern Sie sich fest mit der Erde. Stehen Sie zu sich und atmen Sie tief durch.

– Machen Sie noch eine Vierteldrehung nach rechts und blicken Sie in die vierte Kerze. Stellen Sie sich vor, dass Sie Ihr Ziel schon erreicht hätten. Malen Sie sich aus, am Ziel zu sein und genießen Sie den Zustand.

– Lösen Sie dann die Hände von der Brust, löschen Sie die Kerzen und treten Sie aus dem Kreuz heraus.

::

NACHTGEBET

Führt mich mein Weg zum Ziel?
Zum Ziel, das tief in meinem Herzen wohnt?
Ich spüre nach, doch grüble nicht zu viel.
Ich gehe geradewegs voran, zu einem
Herzensziel, das lohnt.

Rückbesinnung auf den Sommer

Die Tage der letzten Woche des Sommers sind gekommen. Wir müssen dem Abschied vom Sommer nicht mit Wehmut entgegensehen, sondern dürfen mit Freude, Staunen und Dankbarkeit auf die lichte Zeit zurückblicken. Wir besinnen uns an diesen Tagen immer wieder auf das, was uns in diesem Sommer widerfahren ist, wie wir gewachsen sind und was wir gelernt haben. Wenn wir die Tage gesegnet haben, ist mehr geblieben, als wenn sie an uns vorbeigezogen sind. Die Rückbesinnung hilft uns, das Erlebte in unsere Seele zu integrieren.

Die Inspiration der Woche

In der letzten Sommerwoche wollen wir uns wieder rückbesinnen und dabei den Universalgelehrten Agrippa von Net-
tesheim, der am 14.09.1486 in Köln geboren wurde, als Inspirationsquelle nehmen. Agrippa studierte zwar auch, doch vor
allem brachte er sich selbst systematisch alles verfügbare Wissen bei: Ob es nun Latein, altgriechische Hymnen, Magie und
Alchemie, Römisches Recht, Mathematik, Mechanik, Astro-
logie, Theologie oder Medizin war – ihn interessierte alles,
und er wandte das Gelernte bei seinen vielerlei Berufen, die
er ausübte, an. Wenn wir uns von Agrippa inspirieren lassen,
heißt das nicht, sich fortan nur noch dem Sammeln von Wissen zu widmen – sondern sich darauf zurückzubesinnen, was
es schon alles an Erstaunlichem, Weisem und Hilfreichem be-
reitgehalten hat.

Abschied vom Sommer

Der Sommer geht zu Ende, und der Herbst kommt ins Land.
Natürlich sind die Übergänge fließend, denn die Natur hält
sich nicht an unsere Kalender. Es wird noch viele helle Tage
geben, und vielleicht wird es sogar noch einmal richtig
warm – dennoch, die Sommerzeit ist vergangen, und das ist
ein guter Zeitpunkt, den Blick nochmals zurückzuwerfen.

Drei Sommermonate liegen hinter Ihnen, und wenn Sie
zurückdenken, kann es sein, dass Sie das Gefühl haben, die
Zeit wäre wie im Fluge vergangen. Vielleicht konnten Sie hier
und da aber auch die Gelegenheit ergreifen, zur Ruhe zu

kommen und die Zeit stillstehen zu lassen, während Sie im Freien die Wärme oder die Sonne genossen und alle Sorgen vergessen haben. Möglicherweise ist Ihnen das aber auch nicht gelungen, da die Alltagsroutine Ihnen die Zeit geraubt hat. Wie es auch gewesen sein mag – das ist jetzt nicht wichtig. Wenn Sie den Sommer Revue passieren lassen, geht es nicht darum zu beurteilen, ob es ein »guter« oder »schlechter« Sommer war. Was geschehen ist, ist geschehen, und falls Dinge nicht so gelaufen sind, wie Sie es sich gewünscht haben, dann nehmen Sie das einfach zur Kenntnis.

Denken Sie an die wichtigsten Ereignisse dieses Sommers zurück. Können Sie in dem, was passiert ist, eine Botschaft an sich erkennen? Welche Erfahrungen Sie auch gemacht haben mögen – sie sind ein Teil Ihres Lebens und sind zu einem Teil von Ihnen geworden. Verabschieden Sie sich innerlich vom Sommer und öffnen Sie sich für die neue Jahreszeit.

Morgensegen

Die Tage dieser Woche beginnen Sie am besten mit einer kurzen Besinnung auf das, was Sie in diesem Sommer erlebt haben. Lassen Sie diese Zeit in Ihrer Vorstellung im Zeitraffer ablaufen – jeden Tag wird der innere Film ein wenig bunter und deutlicher. Stimmen Sie sich dann mit einem Segensgedanken auf den Tag ein. Dazu legen Sie die rechte Hand auf die Brust, die linke auf den Bauch. Richten Sie Ihre Gedanken auf die Dinge, die in diesem Sommer besonders wichtig für Sie waren und wiederholen Sie dann dreimal die Segensworte für diesen Tag:

Was gewesen ist, ist in mir. Ich brauche nicht zurückzugehen, der Blick zurück voll Liebe segnet meinen Tag.

Nach jeder Wiederholung atmen Sie einmal tief durch. Spüren Sie dem Widerhall der Segensworte in Ihren Gefühlen nach.

Abendsegen

Für den Rückblick auf den Sommer können Sie einen kleinen »Sonnenaltar« in Ihrem Zimmer arrangieren. Beispielsweise können Sie ein Bild oder ein Foto, das den Sommer repräsentiert, eine Sonnenblume in einer Vase oder einige Blüten von Astern, Sommermargeriten oder Gladiolen in einer Wasserschale aufstellen.

Lassen Sie Ihren Blick zunächst einen Augenblick auf Ihrem Altar des Sommers ruhen. Setzen Sie sich dann aufrecht hin und lassen Sie Ihre Gedanken still werden. Denken Sie nun noch einmal an den Sommer zurück:

– Was für neue Erfahrungen haben Sie gemacht?
– Welche Menschen sind Ihnen begegnet? Gab es neue Begegnungen? Oder aber: Konnten Sie sich für Menschen, die Sie schon lange kennen, auf eine neue Weise öffnen? Haben Sie etwas von ihnen gelernt oder Nähe zu ihnen verspürt?
– Erinnern Sie sich kurz an die schwierigsten Phasen des Sommers. Können Sie annehmen, was war?

- Denken Sie aber auch an die schönsten Erfahrungen und danken Sie innerlich für den Reichtum, den Ihnen die Sommertage in vielen kleinen, vielleicht ganz unscheinbaren Momenten beschert hat.
- Um die Meditation abzuschließen, lenken Sie Ihre Aufmerksamkeit kurz auf den Atem. Beobachten Sie diesen, ohne einzugreifen, und öffnen Sie die Augen, wenn Sie so weit sind.

NACHTGEBET

Der Sommer neigt sich dem Ende zu.
Wie wundervoll: Die Blätter werden bunt.
Allmählich, ganz, ganz langsam, kommt die Ruh'
in die Natur und in mein Herz –
das Jahr wird rund.

Herbst

Element: Erde
Zeit: September bis Dezember

Der Herbst ist die Zeit, in der die Blätter fallen und die Ernte eingeholt wird. Was über das Jahr gewachsen ist, kommt nun zur Vollendung. Goldenes Licht durchflutet die Tage, und die Farbenpracht der Laubbäume verkündet die Lebendigkeit, die in dieser späten Phase des Jahres allgegenwärtig ist.

Astronomisch beginnt der Herbst bei uns am 22. oder 23. September. Die Tage werden kürzer und deutlich kühler. Mit Ausnahme des Altweibersommers: An sonnigen, klaren Tagen im September glitzern silberne Fäden in der Morgensonne. Die langen Spinnfäden, an denen die jungen Baldachinspinnen im Wind segeln, erinnern an graue Haare, die der germanischen Mythologie zufolge von alten Frauen stammen. Im September und Oktober sind Birnen, Pflaumen und Quitten reif. Die Kastanien fallen von den Bäumen, und in den Weingebieten beginnt die Weinlese. Der Oktober ist auch die Zeit der Winterkürbisse, die dann vielerorts in allen Farben und Größen wachsen – am 31. Oktober wird Halloween gefeiert, und allerorts schmücken die typischen ausgehöhlten Halloween-Kürbisse die Eingänge und Fenster unserer Häuser. Die Igel fressen sich jetzt ihren Winterspeck an, während die Eichhörnchen fleißig Nüsse sammeln und sich ihren Vorrat anlegen. Nach und nach machen sich Zugvögel wie Enten, Störche oder Schwalben wieder auf die Reise gen Süden. Nicht mehr lange, dann wird dichter Nebel über das Land ziehen.

Meist wird dem Herbst das Element Erde zugeordnet. Die Erde schenkt uns die Nahrung, sie bringt zur Reife, was wir gesät haben. Gaia, die fruchtbare und gebärende Muttergöttin, verkörpert das Element Erde, das auch ein Sinnbild für Materie, Orientierung, Verwurzelung und Stabilität ist. Der Herbst ist auch die Zeit des Abschieds. Jetzt gilt es, sich für alles zu bedanken, was uns in diesem Jahr begleitet hat, und loszulassen. Die Samen, die wir in unserem Herzen gepflegt haben, gelangen jetzt zur Reife, die Erfahrungen, die wir gemacht haben, können verarbeitet und verdaut werden.

Wichtige Fragen, die wir uns im Herbst stellen sollten, lauten: Wofür kann ich dankbar sein? Was habe ich dieses Jahr gesät, und wie sieht die Ernte aus? Kann ich erkennen, was hilfreich und was eher hinderlich für meine Entwicklung war? Kann ich wieder ganz »zu mir kommen«, indem ich Altes ebenso sanft loslasse wie die Bäume ihre Blätter?

Einkehr

Der Sommer geht, der Herbst kommt. Die Tage der ersten
Woche dieser Jahreszeit wollen wir wieder dem Thema »Einkehr« widmen. Wir besinnen uns auf das, was uns trotz allen
äußeren Wandels innerlich stabilisiert. Der Herbst beginnt,
ebenso wie das Frühjahr, mit einer Tagundnachtgleiche: Am
22. oder 23. September sind Tag und Nacht zwölf Stunden
lang – auf der ganzen Welt! Die Tage werden von jetzt an bis
zur Wintersonnwende kürzer als die Nächte sein. Dann werden die Tage wieder länger werden, bis sie schließlich am Tag
der Frühjahrs-Tagundnachtgleiche mit den Nächten gleichgezogen haben. Und dann werden die Tage wieder bis zur
Sommersonnwende immer länger…

Bauernregeln

21.09. TRITT MATTHÄUS STÜRMISCH EIN,
WIRD'S BIS OSTERN WINTER SEIN.
22.09. WIE MAURITIUS KLAR,
SO VIEL WIND NÄCHSTES JAHR.
24.09. FRIERT ES AUF VIRGILIUS,
IM MÄRZEN KÄLTE KOMMEN MUSS.
25.09. NEBELT'S AN SANKT KLEOPAS,
WIRD DER GANZE WINTER NASS.

Die Inspiration der Woche

Die erste Herbstwoche ruft zur Einkehr auf. In dieser Woche
wollen wir uns von der Schriftstellerin Stefanie Zweig, die am
19. September 1932 geboren wurde, inspirieren lassen. Ihre
Romane laden uns dazu ein, auch nach innen zu blicken und
uns selbst zu betrachten. Ihr wohl bekanntester ist ihr autobio-
grafischer Roman »Nirgendwo in Afrika«, der das Leben einer
vor den Nazis geflohenen jüdischen Familie in Kenia beschreibt. Für die Verfilmung des Stoffs erhielt die deutsche
Regisseurin Caroline Link 2003 einen Oscar.

Ganz im Herbst ankommen

Ebenso wie der Frühling ist auch der Herbst eine Jahreszeit, in
der viele Veränderungen stattfinden. Doch während der Frühling das Erblühen als Thema hat, ist der Herbst eine Zeit, in

157

der das Vergehen, das Zur-Ruhe-Kommen eine große Rolle spielt. Die Tage werden kürzer und kühler, die Blätter verfärben sich, und früher oder später merkt wohl ein jeder, dass die dunkle, kalte Jahreszeit vor der Tür steht.

Ganz im Herbst anzukommen bedeutet, dass wir dem Sommer nicht nachtrauern, sondern erkennen sollten, dass jede Jahreszeit ihren ganz besonderen Zauber hat. Die Natur zeigt uns, dass die Dinge vergänglich und gerade deshalb wertvoll und einmalig sind. Goethe schrieb: »...Und so lang du das nicht hast, dieses: Stirb und Werde! Bist du nur ein trüber Gast auf der dunklen Erde.« Innerlich gelassen bleiben, während draußen alles in Veränderung ist, felsenfest in sich selbst ruhen, mit starken Wurzeln, während der Herbstwind durchs Land fegt und an den Bäumen rüttelt, das ist die Aufgabe, der wir uns jetzt zuwenden sollten.

Spüren Sie in diesen Tagen regelmäßig in sich hinein: Können Sie in sich selbst geborgen sein, während die Dinge kommen und gehen? Können Sie den Herbst als einen Freund willkommen heißen? Ist es Ihnen möglich, die Energien dieser Jahreszeit zu spüren – in Ihren Gefühlen, Ihren Gedanken oder im Körper? Öffnen Sie sich für alle Möglichkeiten, die diese Zeit der Ernte Ihnen bietet.

Morgensegen

Die Tage dieser Woche beginnen Sie am besten damit, sich nach dem Aufwachen ein wenig Zeit zu nehmen, um sich zu besinnen, in sich zu gehen und sich mit einem Segensgedan-

ken auf den Tag einzustimmen. Legen Sie die Hände über Ihr Herz. Beobachten Sie, was Ihre Gedanken und Gefühle gerade tun. Lächeln Sie, zumindest innerlich, und wiederholen Sie dreimal, ganz langsam, die Segensworte für diesen Tag:

 Ich öffne mein Herz, ich lausche meinen Gefühlen und achte auf meine Taten. Ich bleibe ganz bei mir und segne den Tag mit Achtsamkeit.

Nach jeder Wiederholung atmen Sie einmal tief durch. Spüren Sie die Kraft des Segens und öffnen Sie sich für das, was dieser Tag bringen wird.

Abendsegen

Werden Sie sich Ihrer Wurzeln bewusst. Setzen Sie sich dazu gerade und doch entspannt auf einen Stuhl oder ein Meditationskissen. Schließen Sie die Augen und legen Sie die Handflächen sanft auf den Unterbauch. Lassen Sie den Atem zur Ruhe kommen – lassen Sie die Gedanken zur Ruhe kommen.

– Nehmen Sie nun innerlich Kontakt zu Ihrem Körperzentrum auf. Spüren Sie die Quelle Ihrer Kraft, Ihre Wurzeln. Unser natürlicher Schwerpunkt liegt in der Mitte des Bauch-Beckenraums, etwa eine Handbreit unterhalb des Bauchnabels. Erspüren Sie die Energie, die aus der Erde in Ihren Körper strömt.

– Während Sie in gutem Kontakt zur Erde sitzen, können Sie sich vorstellen, dass Ihre Wirbelsäule aus dem Becken heraus nach oben wächst. Achten Sie darauf, kraftvoll, aber nicht verkrampft zu sitzen. Schultern und Arme sollten völlig entspannt sein. Ebenso das Gesicht.

– Wie ein Baum, dessen Wurzeln tief in die Erde reichen, kann Sie nichts erschüttern. Sie können körperlich und seelisch in sich selbst ruhen, während draußen die Stürme toben. Mit jedem Ausatmen können Sie zusätzlich noch etwas Kraft in Ihren Unterbauch schicken.

– Bleiben Sie einige Atemzüge lang in dieser Haltung sitzen. Mit der Zeit wird der Kontakt zu Ihrer Mitte sich intensivieren und Sie werden die heilsame Energie spüren, die von diesem Zentrum aus in Ihren ganzen Körper strömt.

NACHTGEBET

Der Edelstein in meinem Innern,
ich befreie ihn vom Staub,
und leuchtend tritt hervor
mein wahres Sein.

Wandlung

Die Tage der zweiten Woche des Herbstes sind wieder dem Thema »Wandlung« gewidmet. Es steht in der Natur ein Wandel bevor. Die Zeit der Reifung geht endgültig ihrem Ende zu, und es wird Zeit für die letzte Ernte. Das Jahr hat seinen Zyklus, der sich in unserem Leben widerspiegelt. Je bewusster wir den Wandel in unserem Leben erfahren, desto reicher wird unser Sein. Deshalb gehen wir in dieser Woche mit besonders offenen Augen durchs Leben und achten auf den Wandel in uns und in der Natur und sehen, wie der Sommer vom Herbst abgelöst wird. Wir segnen den Tag durch Achtsamkeit.

Bauernregeln

26.09. SANKT KOSMAS UND SANKT DAMIAN
FÄNGT DAS LAUB ZU FÄRBEN AN.
27.09. WENN HILTRUD IM KALENDER STEHT,
WIRD NOCH EINMAL DAS GRAS GEMÄHT.
28.09. WIE VIELE FRÖSTE VOR SANKT WENZESLAUS
FALLEN, SO VIELE WERDEN NACH PHILIPPI
UND JACOBI (01. MAI) FOLGEN.
29.09. GIBT'S MICHAELI SONNENSCHEIN,
WIRD IN ZWEI WOCHEN WINTER SEIN.
01.10. REGEN AN SANKT REMIGIUS
BRINGT DEN GANZEN MOND VERDRUSS.
02.10 FÄLLT'S LAUB AUF SANKT LEODEGAR,
SO KOMMT GEWISS EIN GUTES JAHR.

Die Inspiration der Woche

Elisabet Boehm, die Begründerin der Landfrauenbewegung, soll die Inspiration für die zweite Woche des Herbstes liefern. Sie wurde am 27. September 1859 geboren – 40 Jahre später gründete sie den ersten landwirtschaftlichen Hausfrauenverein. Sie erkannte die Notwendigkeit einer Wandlung und half dabei, diese Wandlung zu vollziehen: Es war nötig, endlich die Lebens- und Arbeitsverhältnisse der Frauen auf dem Land zu verbessern und ihnen Aus- und Weiterbildungen zu ermöglichen. Heute gibt es die Landfrauenbewegung, die Elisabet Boehm in Gang brachte, immer noch; ihre Ziele sind immer noch die »Interessen der Bäuerinnen und die Verbesserung der sozialen, wirtschaftlichen und rechtlichen Situation von Frauen sowie die Vereinbarkeit von Familie und Beruf.« Natürlich zählten zu Boehms Zeiten vor allem Bäuerinnen und andere Frauen, die in der Landwirtschaft tätig waren, zu den Landfrauen – heute finden sich Frauen aus allen Berufen und Altersklassen unter den Mitgliedern. Elisabet Boehm kann uns eine hervorragende Inspiration sein, wenn wir darüber nachdenken, auf welcher Ebene wir notwendige Wandlungen in die Tat umsetzen können.

Auf die Veränderungen achten lernen

Die Natur ist in ständigem Wandel – während der Herbst auf den Sommer folgt, verändern sich die Landschaft, die Temperaturen, das Licht, und auch in der Tier- und Pflanzenwelt ist alles im Umbruch. Kein Tag gleicht dem anderen, und das bezieht sich auch auf unsere Erfahrungen, Stimmungen und Gedanken. Für viele von uns ist dieser Wandel beunruhigend. Schließlich wollen wir oft, dass alles bleibt, wie es ist, sofern unser Leben zumindest angenehm verläuft.

Achtsamkeit hilft uns, die Tatsache, dass sich alles ändert, gelassen anzuerkennen. Probleme entstehen nur, wenn unser Bewusstsein fixiert ist und in dem verharrt, was »sein soll«, weil es »immer so war«. Doch in dem Augenblick, da wir achtsam und entspannt wahrnehmen, dass um uns und in uns alles in Bewegung ist, können wir inneren Frieden finden. Achtsam zu sein bedeutet nicht nur, dass wir die Dinge klar sehen, sondern auch, dass wir so viel Raum in unserem Geist schaffen, dass sie auch ruhig sein dürfen, wie sie sind – ohne dass wir sie kommentieren, bewerten oder in Kategorien wie »erwünscht« oder »unerwünscht« einteilen müssten.

Nutzen Sie die folgenden Tage, um die Veränderungen in der Natur achtsam wahrzunehmen. Sehen Sie genau hin – doch nicht nur auf die Welt um Sie herum, sondern auch auf sich selbst. Wenn wir aufhören wegzulaufen oder uns gegen das, was ist zu stemmen, können wir loslassen und tiefes Vertrauen in die Lebendigkeit des Lebens gewinnen.

Morgensegen

Der Segensgedanke für diesen Tag sollte Sie achtsam für Veränderungen machen. Achtsam sein heißt nicht ängstlich zu sein oder besonders vorsichtig; es bedeutet, genau hinzusehen, und zwar ohne es gleich einzuordnen und zu bewerten. Wenn Sie aufwachen, nehmen Sie sich eine Minute Zeit, bevor Sie aufstehen. Legen Sie die Hände auf Ihren Bauch, spüren Sie, wie sich ihr Bauch mit dem Atem hebt und senkt, und wiederholen Sie dreimal die Segensworte für diesen Tag:

....

 Alles verändert sich. Mein Herz blickt ohne Urteil und ohne Sorgen auf das, was sich heute verändert. Gesegnet sei dieser Tag.

....

Nach jeder Wiederholung atmen Sie einmal tief durch, spüren die Kraft des Segens und freuen Sie sich auf die Veränderungen, die Sie heute erfahren werden.

Abendsegen

Ziehen Sie sich an einen ruhigen Ort zurück und zünden Sie einige Kerzen an. Wenn Sie möchten, können Sie Ihren Geist für die folgende Reflexion durch den Duft ätherischer Öle auf sanfte Weise anregen. Träufeln Sie dazu einige wenige Tropfen Zitronen-, Orangen- oder Lemongrass-Öl in eine Duftlampe und achten Sie darauf, wie sich das aktivierende Aroma im Raum verbreitet.

Setzen Sie sich bequem und stellen Sie sich folgende Fragen:

– Wie war Ihr heutiger Tag? Was hat sich vom Morgen bis jetzt alles verändert? Sind Sie zum Beispiel mit der gleichen Stimmung aufgewacht, die jetzt in Ihnen vorherrscht? Hat Ihr Körper sich vor dem Aufstehen genauso angefühlt, wie er es jetzt tut?

– Können Sie erkennen, wie die Dinge sich im Laufe eines einzigen Tages gewandelt haben, wie sich das Wetter, Ihre Stimmungen, das Licht oder der Himmel verändert haben?

– Schließen Sie jetzt die Augen und beobachten Sie kurz Ihre Gedanken. Beobachten Sie Ihre Gedanken wie Kurzfilme – falls Erinnerungen, Träume, Landschaften, Menschen oder Szenen des Alltags auftauchen, dann bemerken Sie es, lassen Sie den jeweiligen Gedanken ziehen, und achten Sie auf den nächsten, der auftaucht. Während Sie Zuschauer Ihrer inneren Filme sind, können Sie unmittelbar erfahren, wie unbeständig die Phänomene sind – nicht nur im Außen, sondern auch in Ihrem eigenen Bewusstsein.

– Beenden Sie die Meditation, indem Sie tief durchatmen und die Augen wieder öffnen.

NACHTGEBET

Alles Dasein ändert sich,
doch ich, ich bleib mir treu.
Veränderung betrifft auch mich,
ich öffne mich und bleibe immer neu.

Liebe

Die Tage der dritten Woche des Herbstes wollen wir wieder dem Thema »Liebe« widmen – wir segnen diese Tage, indem wir uns auf die Kraft der Liebe besinnen. Und zwar in dieser Woche ganz besonders auf die Liebe zu sich selbst: Liebe zu sich selbst ist nicht Selbstliebe, sondern Selbstmitgefühl. Selbstliebe nährt sich von sich selbst – wie eine Schlange, die sich vom Schwanz her auffrisst. Selbstliebe ist letztlich immer leidvoll. Selbstmitgefühl ist hingegen das Verstehen und liebevolle Annehmen seiner selbst und anderer. Selbstmitgefühl führt immer zu Mitgefühl. Selbstliebe nie zu Liebe.

Bauernregeln

04.10. AN SANKT FRANZISKUS SONNE,
DAS MACHT DEN WEIN ZUR WONNE.
09.10. REGNET'S AN SANKT DIONYS,
WIRD DER WINTER NASS GEWISS.

Die Inspiration der Woche

Carl von Ossietzky, der am 03. Oktober 1889 geborene Schriftsteller, Pazifist und Friedensnobelpreisträger scheint mir eine
sehr gute Inspirationsquelle für die dritte Herbstwoche zu sein.
Durch Drohungen, Gefängnis und Konzentrationslager ließ
sich Ossietzky nicht davon abhalten, weiter für den Frieden
einzustehen. Nur der Frieden schafft ideale Voraussetzungen
dafür, dass sich Liebe und Güte zwischen den Menschen verbreiten können, da Krieg den Hass schürt. Vom Frieden zur
Liebe ist es nur ein sehr kleiner Schritt.

Mitfühlend mit sich selbst umgehen

Für alle von uns, die auf einem spirituellen Weg sind, ist es von
ausschlaggebender Bedeutung, Mitgefühl zu entwickeln. Nur
durch Offenheit, Herzensliebe und Mitgefühl können wir die
Dimension der Heiligkeit in unserem Leben entdecken. Falls
es Ihnen schwerfällt, Menschen in Ihr Herz zu schließen,
könnte das einen einfachen Grund haben: Vielleicht haben Sie
sich selbst bisher zu wenig Aufmerksamkeit geschenkt.

Aber ist das nicht paradox? Leben wir nicht ohnehin in einer Gesellschaft, in der jeder nur an sich selbst denkt und in der die Aufmerksamkeit sich selbst gegenüber zu Egoismus wird? Sicher – doch diese Art der Aufmerksamkeit hat nichts mit Liebe zu tun: Wer nur damit beschäftigt ist, der Befriedigung seiner nicht endenden Wünsche hinterherzulaufen, der liebt nicht, der kämpft. Wer hingegen lernt, sich selbst mitfühlend anzunehmen, wird schnell erkennen, was wirklich wesentlich ist – und Status, Macht, Geld oder Image gehören nicht dazu. Wenn Sie Mitgefühl und Güte für alle Wesen entwickeln wollen, dürfen Sie sich selbst dabei nicht vergessen. Durch Selbstmitgefühl stärken Sie die Verbindung zur Natur, Ihren Mitmenschen und den Kontakt zu sich selbst. Dabei lernen Sie auch, gelassen mit Schwächen umzugehen. »Liebe deinen Nächsten wie dich selbst«, sagte Jesus. Wenn wir heute unser Herz öffnen, wollen wir darauf achten, auch den zweiten Teil dieses Satzes ernst zu nehmen. Das setzt voraus, dass wir verstehen, dass wir auch einmal unbedacht handeln oder falsche Entscheidungen treffen dürfen.

Morgensegen

Beginnen Sie die Tage dieser Woche damit, sich mit einem Segensgedanken auf den Tag einzustimmen. Wenn Sie aufwachen, so nehmen Sie sich eine Minute Zeit, bevor Sie aufstehen. Legen Sie die Hände über Ihr Herz, richten Sie Ihre Gedanken auf Ihr Inneres, Ihr wahres Selbst, und wiederholen Sie siebenmal die Segensworte für diesen Tag:

Ich bin es wert, geliebt zu werden. Ich nehme mich selbst an, wie ich bin. Die Kraft der Liebe begleitet mich — sie öffnet mein Herz und segnet diesen Tag.

Nach jeder Wiederholung atmen Sie einmal tief durch. Erspüren Sie die Kraft des Segens und passen Sie heute besonders gut auf sich auf.

Abendsegen

Mitgefühl mit sich selbst haben — das lässt sich üben. Und das Ende des Tages bietet dazu eine gute Gelegenheit und hilft, sich von Belastungen und Problemen zu befreien.

Setzen oder legen Sie sich hin. Schließen Sie die Augen, legen Sie die Hände auf Ihre Herzgegend und zaubern Sie ein sanftes Lächeln auf Ihre Lippen. Lassen Sie zunächst den Tag noch einmal im Schnelldurchlauf vor Ihrem inneren Auge abspulen. In welchen Situationen haben Sie heute gut für sich gesorgt und auf Ihre Bedürfnisse geachtet? Und wann ist Ihnen das nicht gelungen? Gab es etwa Momente, in denen Sie sich selbst verurteilt oder negativ über sich gedacht haben?

Lassen Sie Ihren Geist nun zur Ruhe kommen und atmen Sie entspannt, ohne etwas zu verändern. Stellen Sie sich ein angenehmes Bild vor — etwa eine beruhigende Farbe, Ihren Lieblingsort oder eine schöne Landschaft, die Geborgenheit vermittelt.

Wiederholen Sie anschließend folgende Sätze:

Der Friede sei mit mir. Möge ich glücklich und geborgen sein.

Sie können die Sätze mit dem Atem koppeln: Denken Sie den ersten Satz, während Sie ein- und ausatmen. Beim nächsten Atemzug sprechen Sie innerlich den zweiten Satz. Wiederholen Sie diese Sätze im Wechsel mehrere Male. Um die Meditation zu beenden, atmen Sie dreimal tief durch, lösen die Hände von der Brust und öffnen die Augen.

NACHTGEBET

Voller Liebe ist mein Herz, voll Staunen!
Voller Freude, voll Stille und Heiterkeit.
Mein Herz ist nicht mehr Spiel der Launen,
liebend ist es froh und frei und weit.

Dankbarkeit

In der vierten Woche des Herbstes wollen wir die Tage wieder der Dankbarkeit widmen und uns erneut darauf besinnen, was uns alles an Wertvollem widerfährt. Bei allem, was uns begegnet, bei allem, was wir tun und erleben, können wir üben, dies alles mit dem Blick der Dankbarkeit zu betrachten. Dann werden wir feststellen, wie die Dinge beginnen, sich zu verändern – und die Dankbarkeit wächst, und die Welt wird immer lichter. Die kommenden Tage segnen wir durch die Kraft der Dankbarkeit, die das Licht in allen Dingen entdeckt.

Bauernregeln

14.10. SANKT BURKHARDI SONNENSCHEIN
RÜHRET ZUCKER IN DEN WEIN.
16.10. AN HEDWIG BRICHT DER WETTERLAUF
UND HÖRT DAS SCHÖNE WETTER AUF.

Die Inspiration der Woche

Marianne Rhodius war seit ihrer Geburt am 12. Oktober 1814 wohlhabend und wuchs in verschiedenen Jagdschlösschen auf. Aber das macht sie natürlich nicht zur Inspiration für die vierte Herbstwoche. Reiche Menschen gibt es ja einige, aber es gibt nicht so viele, die dabei einen einigermaßen bescheidenen Lebensstil pflegen, den größten Teil ihres Vermögens und Einkommens in wohltätige Stiftungen einbringen, um den materiell weniger Gesegneten zu helfen. Marianne Rhodius war dankbar für das, was ihr geschenkt worden war, und gab davon großzügig etwas ab; und das machte sie zu einer besonderen Frau und einem glücklichen Menschen. Ganz bezeichnend ist auch, dass sie die Stiftung, die ihren gesamten Nachlass erhielt, nicht etwa nach sich selbst, sondern nach ihrem Onkel benannte.

Erntedankfest feiern

Im Herbst wird geerntet, und so ist der Herbst die Jahreszeit, in der die Menschen Himmel und Erde für die Gaben danken, die uns nähren und unser Fortleben gewährleisten. Das Erntedankfest ist ein alter Brauch aus vorchristlicher Zeit – eine Feier der Natur. Im Laufe der Zeit haben sich die Bräuche natürlich stark verändert: Ursprünglich stand das Segnen der Erntegeräte im Mittelpunkt, später wurden Erntedankgaben an die Armen verteilt und Erntewagen geschmückt, während wir das Erntedankfest heute vor allem aus der Kirche kennen, wo eigens Erntedankaltäre errichtet werden.

Durch Dankbarkeit können wir unseren Horizont erweitern und gezielt auf das Positive in unserem Leben blicken. Für einen Lottogewinn dankbar zu sein fällt wohl jedem leicht. Schwieriger ist es schon, einem nahestehenden Menschen einfach nur dafür dankbar zu sein, dass er ein Teil unseres Lebens ist. Der Natur zu danken ist jedoch schwer geworden – vor allem in einer Zeit, in der prall gefüllte Supermarktregale den Eindruck erwecken, dass all diese Nahrungsmittel und Waren ganz selbstverständlich verfügbar sind. Und doch sollten wir uns darum bemühen, deren wahren Wert anzuerkennen, denn was immer wir für selbstverständlich halten, trübt unseren Blick für die Wunder des Lebens. Dankbarkeit ist eine schöne Möglichkeit, den Tag zu segnen und das Besondere im Einfachen zu entdecken. Halten Sie Ausschau und nutzen Sie heute jede Gelegenheit, sich innerlich zu bedanken.

Morgensegen

Beginnen Sie die Tage dieser Woche mit einem Segen für den Tag, der Sie daran erinnert, dankbar für das zu sein, was Ihnen

begegnet. Wenn Sie aufwachen, dann nehmen Sie sich eine Minute Zeit, bevor Sie aufstehen. Versuchen Sie, sich an Ihre Träume zu erinnern – und falls Sie sich erinnern, so danken Sie Ihrem Traumbewusstsein für die Erfahrung. Unabhängig davon, ob Sie sich an Ihre Träume erinnern oder nicht: Legen Sie die Hände auf die Brust. Atmen Sie tief ein und richten Sie Ihre Gedanken auf all das Gute, was Ihnen heute begegnen kann, wenn Sie nur genau hinsehen. Wiederholen Sie siebenmal die Segensworte für diesen Tag:

 Danke für das, was ist. Danke für das, was war. Danke für das, was den heutigen Tag segnet.

Nach jeder Wiederholung atmen Sie einmal tief durch. Spüren Sie die Kraft des Segens und freuen Sie sich auf alles, was dieser Tag Ihnen bringen wird.

Abendsegen

Sie können Ihr ganz persönliches Erntedankritual zelebrieren. Dazu errichten Sie in Ihrem Zimmer einen kleinen Altar, auf dem Sie eine Kerze, einige Feldfrüchte, Äpfel, Zwetschgen und Nüsse, vielleicht auch ein paar Herbstblumen oder getrocknete Blätter ausbreiten. Alles, was Sie sonst noch brauchen, ist ein Tischchen oder eine Kommode, auf der Sie ein Tuch ausbreiten können, bevor Sie die Symbole für den Herbst darauf arrangieren. Lassen Sie Ihrer Fantasie freien Lauf.

Setzen Sie sich bequem hin, und lassen Sie Ihren Herbstaltar auf sich wirken. Danken Sie innerlich für den Reichtum der Natur. Machen Sie sich bewusst, dass nichts selbstverständlich ist. Überlegen Sie beispielsweise, was alles nötig war, bis dieser einfache Apfel auf Ihrem Tisch lag. Ein Apfelbaum musste gesät werden. Er musste wachsen und viele Jahre gepflegt werden. Irgendwann wurden die Äpfel geerntet und viele Kilometer in einem Lastwagen bis in die Lagerhalle und schließlich in das Geschäft transportiert. Letztendlich haben Sie dann zu dem Apfel gegriffen und ihn nach Hause getragen. Wie viel Zeit war nötig, damit das alles passieren konnte? Wie viele Menschen haben dafür gearbeitet? Und ohne die Energie von Sonne, Regen, Erde und Wind hätte der Apfel niemals wachsen können. Erkennen Sie, wie alles miteinander verbunden ist – und danken Sie, dass Sie ein Teil dieses großen Ganzen sind.

NACHTGEBET

Danke für diesen Tag!
Und was er auch gebracht,
am Ende Glück bedeuten mag.
Ich danke dir, mein Tag und gute Nacht.

Gesundheit

Die Tage der fünften Woche des Herbstes sind wieder dem Thema »Gesundheit« gewidmet. An diesen Tagen achten wir besonders darauf, was unserer seelischen Gesundheit guttut, und dass weniger manchmal mehr sein kann und wie sich der heutige Tag in unserem Befinden zeigt. Die Kräfte des Herbstes wirken anders auf unseren Körper als die des Sommers, des Winters oder des Frühlings. Jede Jahreszeit hat ihre eigene Energie. Der Herbst trägt die Kraft der Erde in sich – wir tun gut daran, in dieser Zeit auf unsere Wurzeln zu achten, auf denen unsere Gesundheit gegründet ist.

Bauernregeln

18.10. WER AN SANKT LUKAS ROGGEN STREUT,
ES JAHRS DARAUF GEWISS NICHT REUT.
21.10. LACHT URSULA MIT SONNENSCHEIN,
WIRD WENIG SCHNEE VORM CHRISTFEST SEIN.

Die Inspiration der Woche

Maria Andreae (23.10.1550–25.01.1632) war eine Arznei-
und Heilkundige, die ein unglaublich aufgewecktes Kind gewesen sein muss. Von ihrer Großmutter, der »Begine von Her-
renberg«, lernte sie schon früh lesen und schreiben, studierte
die Bibel und neuere protestantische Schriften, wusste einiges
über Kunst und mehr über Wissenschaft – und sehr viel über
Heil- und Arzneikräuter. Maria Andreae kann uns dazu inspirieren, uns wieder auf die althergebrachten Hausmittel und
Kräuter zu besinnen.

Die Erde spüren, den Körper entgiften

Ebenso wie der Frühling eignet sich auch der Herbst gut
für Fastenkuren. Schon milde Formen des Fastens helfen
Ihnen, Ihren Organismus zu entgiften. Eine Möglichkeit besteht zum Beispiel darin, dass Sie diese Woche einmal ganz auf
Alkohol, Zucker und Konserven verzichten. Beobachten Sie
genau, wie sich das auf Ihren Körper, Ihre Energie und Ihre
Stimmungen auswirkt – möglicherweise werden Sie staunen.

Auch im Herbst ist es wichtig, dass wir uns darum bemühen, Harmonie zwischen dem Innen und Außen herzustellen. Es wird kälter und dunkler, und das bedeutet, dass wir uns nicht weniger, sondern mehr bewegen sollten, denn nun wird es immer wichtiger, unseren Kreislauf in Schwung zu bringen und unser Immunsystem zu stärken, damit wir uns auf die kältere Jahreszeit einstellen können.

Achten Sie bei der Ernährung darauf, Nahrungsmittel zu essen, die mit der Saison und Ihrer Region harmonieren. Im Herbst ist es beispielsweise bekömmlicher, Birnen, Äpfel und Zwetschgen statt Erdbeeren oder Ananas zu essen.

Das Element, das dem Herbst zugeordnet wird, ist die Erde. Sie ist eine Quelle unendlicher Energie und nährt alle Lebewesen, weshalb sie auch als »Mutter Erde« bezeichnet wird. Achten Sie in diesen Tagen darauf, regelmäßig Kontakt zur Erde aufzunehmen. Machen Sie Spaziergänge im Wald, setzen Sie sich auf umgefallene Baumstämme oder probieren Sie doch einmal aus, in der Natur ein paar Schritte barfuß zu gehen. Dadurch stärken Sie nicht nur Ihre Widerstandskräfte, sondern können die Erde unter Ihren Füßen unmittelbar spüren.

Morgensegen

Beginnen Sie die Tage dieser Woche mit einem Segensgedanken, der Sie mit Ihren Gedanken und Gefühlen in Einklang bringt und Ihre Lebensfreude weckt. Wenn Sie aufwachen, nehmen Sie sich ein paar Minuten Zeit, bevor Sie aufstehen.

Beobachten Sie kurz, wohin es Ihre Gedanken zieht und sprechen Sie die Segensworte für diesen Tag. Atmen Sie tief durch und beobachten Sie, was Ihre Gefühle gerade tun. Sehen Sie nur hin, und bewerten Sie nichts. Dann sprechen Sie noch einmal die Segensworte für diesen Tag. Atmen Sie wieder tief durch. Lassen Sie Ihr Bewusstsein nun ganz weit werden, sodass Sie alles um sich klarer wahrnehmen, und lächeln Sie – auch wenn Ihnen nicht nach einem Lächeln zumute ist. Wiederholen Sie nun noch dreimal die Segensworte für diesen Tag:

....

 Meine Seele ist klar und gesund. Meinen Geist durchdringt ein Licht, das das Dunkel vertreibt. Gesegnet sei dieser Tag.

....

Nach jeder Wiederholung atmen Sie einmal tief durch. Spüren Sie die Kraft des Segens und öffnen Sie sich für alles, was dieser Tag bringen wird.

Abendsegen

In dieser Woche sollten Sie sich täglich etwas Zeit nehmen, um sich mit der Erde zu verbinden. Die folgende Gebärde des Stampfens ist ein Element indianischer Tänze, lässt sich aber auch in alten Rauhnachtsbräuchen beobachten, wo in Fell gekleidete Männer beim Perchtenlauf fest auf die Erde stampfen, um böse Geister zu vertreiben.

– Stellen Sie sich barfuß auf eine weiche Unterlage wie einen dicken Teppich oder auf eine Wiese. Schließen Sie

die Augen und lenken Sie Ihre Aufmerksamkeit in die Fußsohlen. Stellen Sie sich vor, wie aus Ihren Fußsohlen durch das Gebäude hindurch Wurzeln bis tief in die Erde wachsen. Gehen Sie nun leicht in die Knie und stampfen Sie abwechselnd mit den Füßen auf den Boden. Stampfen Sie kräftig vom linken auf den rechten Fuß, doch heben Sie die Füße dabei immer nur ein kleines Stück vom Boden ab. Strecken Sie Ihre Knie nie ganz durch, sondern lassen Sie sie leicht gebeugt.

– Führen Sie diesen einfachen »Tanz« einige Minuten lang durch. Suchen Sie Ihren eigenen Rhythmus. Entspannen Sie sich anschließend im Stehen. Spüren Sie dabei, wie schnell diese einfache Übung Sie mit neuer Energie auflädt.

NACHTGEBET

Das, was »Krankheit« heißt, ist eine Botschaft.
Ich höre hin und suche zu verstehen.
Ich weiß, es wird mir wohl ergehen,
aus dem, was ist, erwächst mir Kraft.

Die Freiheit wählen

Die Tage der sechsten Herbstwoche weihen wir dem Thema »Freiheit«. Wir besinnen uns an diesen Tagen auf das, wovon wir frei sind, wozu wir frei sind und warum wir frei sind. Vielleicht entdecken wir dabei, dass es noch das ein oder andere gibt, das unserer Freiheit im Wege steht … aber ist das etwas Schlechtes? Die Freiheit, die uns guttut, ist die Freiheit, unsere Spielräume zu erweitern. Wir sind stets frei, das Gute zu tun – was uns im Weg steht, sind Trägheit oder Ängste. Wir sind natürlich auch frei, uns nicht für das Gute zu entscheiden – was uns im Weg steht, ist unsere Menschlichkeit.

Bauernregeln

26.10. WARMER SANKT ALBIN BRINGT FÜRWAHR
STETS EINEN KALTEN JANUAR.
28.10. VOR SIMONI GESÄTER WEIZEN
WIRD STETS GOLDENE ÄHREN SPREIZEN.

Die Inspiration der Woche

Alexandra David-Néel ist unsere Inspiration für die sechste Herbstwoche. Sie wurde am 24. Oktober 1868 in Frankreich geboren und lebte ein wahrhaft erstaunliches Leben, das uns die Bedeutung der Freiheit vor Augen führt. Sie wurde streng katholisch erzogen, studierte Philosophie und Religion, später Musik, wurde Opernsängerin, ging auf Tournee in Asien und lebte ein Jahr in Indien. Sie lernte Chinesisch, Sanskrit und Tibetisch, bereiste 24 Jahre lang vor allem die Himalajaregion. Sie wurde tibetische Nonne und von den Mönchen von Sikkim sogar zur Lama ernannt. Schließlich lebte sie als Einsiedlerin. Sie war vermutlich die erste Europäerin, die Lhasa in Tibet besuchte. Im Alter von über 100 Jahren starb sie nach einem erfüllten, freien Leben.

Erkennen, was unfrei macht

Wenn Sie dieses Buch lesen, gehe ich davon aus, dass Sie das nicht im Gefängnis tun. Wozu sollten Sie also die Freiheit wählen müssen, wenn Sie doch gar nicht eingesperrt sind?

Natürlich geht es hier nicht um unsere äußere Freiheit, sondern um die innere. Und während die meisten Menschen hierzulande wohl kaum um erstere bangen müssen, ist innere Freiheit leider keine Selbstverständlichkeit – im Gegenteil. In diesem Buch stellen wir uns ja die Frage, wie wir unsere Tage segnen können. Das können wir nun vor allem dadurch tun, dass wir uns innerlich von allem befreien, was unselig und unheilvoll ist. Befreien wir uns also von zerstörerischen Kräften und lassen wir nicht zu, dass sie sich in unserem Bewusstsein festsetzen. Denken Sie in diesen Tagen darüber nach, was Ihnen Ihre innere Freiheit raubt. Sind das beispielsweise belastende Gefühle wie Wut, Ärger, Neid oder Angst? Oder besteht Ihr inneres Gefängnis aus Sorgen oder Selbstzweifeln? Auch schlechte Gewohnheiten, Suchtverhalten und besitzergreifende oder »negativ geladene« Menschen gehören zu den Dingen, die uns oft einengen.

Um innerlich frei werden zu können, müssen Sie klar erkennen, welche inneren Fesseln Sie sich angelegt haben – wohlgemerkt: es geht nicht darum, das zu verurteilen oder zu kommentieren, sondern einzig und allein um die Erkenntnis. Selbsterkenntnis ist nämlich nicht nur der erste Schritt zur Freiheit, sondern auch der wichtigste.

Morgensegen

Jeder Tag dieser Woche gibt Ihnen die Möglichkeit, Freiheit zu entdecken. Sie müssen nur erkennen, dass in jedem »muss« ein »wenn ich … will« steckt. Ihre Freiheit ist es, sich für das

Gute und die Stimme Ihres Herzens zu entscheiden oder aber für die kurzlebigen Unterhaltungen und die Spiele Ihres Verstandes. Wenn Sie aufwachen, nehmen Sie sich ein paar Minuten Zeit für einen Segensgedanken, der Ihnen bewusst macht, dass Sie in jedem Moment die Wahl haben. Nicht die Wahl zwischen allem nur Denkbaren, doch zumindest immer eine Wahl. Bewegen Sie langsam und bewusst Hände und Füße. Sie kommen ohne Ihren Willen zurecht, doch mit Ihrem Willen können Sie sie jederzeit beeinflussen. Und so wie Sie Ihren Körper bewegen können, können Sie auch Ihren Geist bewegen, Ihre Gefühle und Gedanken, denn Sie sind nicht ferngesteuert, sondern frei! Atmen Sie tief durch und sprechen Sie die Segensworte für diesen Tag:

 In mir ist vollkommene Freiheit. In jedem Moment kann ich mich für das Gute entscheiden. Gesegnet sei dieser Tag.

Atmen Sie noch einmal tief durch. Spüren Sie die Kraft des Segens und blicken Sie dem, was dieser Tag bringen wird, mit Freude und Offenheit entgegen.

Abendsegen

Zünden Sie eine Kerze an und setzen Sie sich bequem auf Ihr Sofa oder einen Stuhl. Denken Sie noch einmal an den heutigen Tag. Was stand Ihrer inneren Freiheit heute im Wege? Waren es alte Verhaltens- oder Denkmuster, die Sie eingeengt haben? Gab es negative Gefühle, waren Sie in bestimmten Situationen ängstlich, frustriert oder wütend? Oder hat das Bild, das Sie von sich selbst haben, hat Ihr innerer Kritiker Sie in ein emotionales Korsett »eingesperrt«? Wann immer eine Erinnerung an Momente des heutigen Tages aufsteigt, die leidvoll oder einengend waren, sollten Sie in zwei Schritten vorgehen:

1. Erkennen Sie klar und deutlich: Was ist passiert? Wie habe ich mich gefühlt? Was habe ich getan, gedacht und was genau war an der Situation einengend? War es das, was passiert ist oder meine Interpretation?

2. Sobald Sie ein Bild vor Augen oder ein Wort haben, das Ihre innere Fessel repräsentiert, atmen Sie tief durch den Mund aus. Lassen Sie das Bild oder Wort los. Lassen Sie das Ausatmen dabei wie das Seufzen des Windes klingen.

Wiederholen Sie die Meditation, bis keine weiteren Erinnerungen aufsteigen. Öffnen Sie dann wieder die Augen und strecken Sie sich gründlich durch.

NACHTGEBET

Frei von Gier, frei von Hast,
frei von Ärger, Angst und Pein,
frei zu lieben, frei von Last,
frei zu lachen – frei zu sein.

186

Freude empfangen und ausstrahlen

Es ist wichtig, sich immer wieder daran zu erinnern, dass Freude in die Welt zu bringen und Freude zu empfinden, eine große Kraft hat: die Kraft, das Herz zu öffnen, die Kraft zu heilen, die Kraft, sich zu befreien. Die ersten Novembertage liegen genau in der Mitte des Herbstes, und da es draußen trübe wird, wollen wir diese Tage ganz der Freude weihen. Wir achten an diesen Tagen ganz besonders auf die kleinen Dinge, über die wir Freude empfinden können und die unseren Tag segnen.

Bauernregeln

31.10. SANKT WOLFGANG REGEN
VERSPRICHT EIN JAHR VOLL SEGEN.
01.11. BRINGT ALLERHEILIGEN EINEN WINTER, SO
BRINGT MARTINI (11. NOVEMBER) EINEN SOMMER.
02.11. ALLERSEELEN KALT UND KLAR,
MACHT AUF WEIHNACHT ALLES STARR.
03.11. BRINGT HUBERTUS SCHNEE UND EIS,
BLEIBT'S DEN GANZEN NOVEMBER WEISS.
04.11. WENN'S AN KAROLUS STÜRMT UND SCHNEIT,
DANN LEG DIR DEINEN PELZ BEREIT – UND HEIZ
DEM OFEN WACKER EIN, BALD ZIEHT
DIE KÄLTE BEI DIR EIN.
06.11. WENN AUF LEONHARDI REGEN FÄLLT,
IST'S MIT DEM WEIZEN SCHLECHT BESTELLT.

Die Inspiration der Woche

Jan Vermeer wurde am 31. Oktober 1632 geboren. Wir kennen heute nur 37 Bilder dieses außergewöhnlichen Künstlers, den Salvador Dalí bewunderte und den er mit Michelangelo verglich. Seine Bilder strahlen eine besondere Klarheit und Freude aus – und inspirierten nicht nur andere Maler, sondern auch Schriftsteller wie beispielsweise Marcel Proust und Filmemacher wie Peter Webber, der Vermeers Bild »Das Mädchen mit dem Perlenohrring« 2003 verfilmt hat. Und nun, in

der siebten Herbstwoche, kann er auch uns inspirieren, Freude zu empfangen und diese in unserem Tun auszustrahlen.

Auf das Schöne schauen

Der November kann zuweilen ein sehr düsterer, nebliger und nasskalter Monat sein. Viele Menschen deprimiert das, daher sollten wir in dieser Zeit ein Gegengewicht schaffen. Indem wir zu einer Quelle der Freude werden, können wir nicht nur unser eigenes Leben, sondern auch das unserer Mitmenschen verwandeln.

Achtsamkeit, Ruhe und Güte – all das sind wunderbare Möglichkeiten, seine Tage zu segnen und sie mit Sinn zu füllen. Doch diese Woche wollen wir uns auf die Kraft der Freude konzentrieren. Setzen Sie ganz bewusst einmal die rosarote Brille auf – draußen ist es ja schon trüb genug, da kann ein wenig Farbe in der Sichtweise nicht schaden.

Wo ist die Quelle Ihrer Freude? Was begeistert Sie? Sind Musik, Sport oder kreative Projekte etwas, wofür Sie brennen? Finden Sie heraus, was Sie wirklich lieben, denn zu tun, was man liebt, weckt die Lebensfreude ganz automatisch. Doch Sie müssen nicht in Jubelschreie ausbrechen: Auch die stille, unscheinbare, aber beständige Freude, die Heiterkeit des Gemüts ist Gold wert. Lachen ist wunderbar, lächeln ist auch sehr gut.

Ein schneller Weg, mehr Freude zu erleben, besteht darin, genauer hinzusehen. Richten Sie Ihren Blick auf das Schöne und Heitere und filtern Sie das Trübe aus. Machen Sie sich in diesen Tagen bewusst, dass das Leben kein Kampf, sondern ein Spiel ist. Wenn Sie mit zu viel Ernst auf die Dinge schauen, kann es passieren, dass Sie dieses spannende Spiel versäumen.

Morgensegen

Wenn Sie an den Tagen dieser Woche aufwachen, dann nehmen Sie sich eine Minute Zeit, sich mit einem Segensgedanken auf diesen einmaligen Tag einzustimmen. Legen Sie die Hände auf den Bauch, und lassen Sie ein Lächeln auf Ihrem Gesicht erscheinen. Wiederholen Sie dann fünfmal die Segensworte für diesen Tag:

Je genauer ich hinsehe, desto mehr sehe ich Dinge, die mir Freude bereiten! Gesegnet sei der Tag.

Nach jeder Wiederholung atmen Sie tief durch. Erspüren Sie die Kraft des Segens und öffnen Sie Ihr Herz für die Freude.

Abendsegen

Holen Sie sich einige Herbstblumen ins Haus. Auch wenn die meisten Blumen jetzt bereits verblüht sind, können Sie sicher noch Herbstastern, Chrysanthemen und vielleicht sogar Zinnien oder eine Sonnenblume auftreiben.

– Stellen Sie einen kleinen Strauß als Ausdruck der Lebensfreude in Ihr Zimmer – oder setzen Sie sich auf den Boden und breiten Sie einige Blüten um sich herum aus. Lassen Sie Ihren Blick auf den Blüten ruhen und legen

Sie ein sanftes Lächeln auf Ihre Lippen. Öffnen Sie sich für die Kraft der Freude.

– Welche Erfahrungen waren heute erfreulich? Falls der heutige Tag nicht so schön war, dann überlegen Sie, was Sie womöglich übersehen haben. Hätte ein veränderter Blickwinkel zu mehr Freude geführt? Oft sind es kleine, scheinbar belanglose Dinge, die Freude schenken können – das Schokodessert, der Duft der Seife im Bad, der Baum im Garten, die Blumen auf Ihrem Tisch …

– Schließen Sie nun kurz die Augen und denken Sie mehrere Male innerlich folgende Sätze:

Möge ich voller Freude sein. Möge ich auch zu einer Quelle der Freude für andere werden. Möge ich Freude empfangen, auf dass ich sie weiterverschenken kann.

NACHTGEBET

Das Herz nährt sich von Freude,
von Liebe und von Leidenschaft.
Mit Sorgen nicht den Tag vergeude,
freudvoll kommt zu dir die Kraft!

Du selbst sein

Wir sind nun in der zweiten Herbsthälfte angelangt. An den Tagen der achten Woche geht es darum, dass Sie sich bewusst werden, wie Sie wirklich sind. Wenn Sie den Menschen verstehen und akzeptieren, der Sie sind, entspringt aus dieser Erkenntnis Selbstbewusstsein und Gelassenheit. Es ist nicht sinnvoll, sich selbst anzuklagen, abzuwerten – oder künstlich zu überhöhen. Im Innersten Ihrer Seele kennen Sie sich selbst. Sehen Sie ruhig das an, was im ersten Moment weh tut: Das geht schnell vorbei. Die einmaligen Tage dieser Woche sind Ihrem einmaligen Selbst geweiht.

Bauernregeln

11.11. HAT MARTINI EINEN WEISSEN BART,
DANN WIRD DER WINTER LANG UND HART.

Die Inspiration der Woche

In der achten Herbstwoche wollen wir uns von einem Menschen inspirieren lassen, der uns allen wohl noch gut bekannt ist: Loriot (Vicco von Bülow), der am 12. November 1923 geboren wurde und 2011 verstarb. Über Loriot könnte man viel erzählen, zum Beispiel über seine Vorliebe für den Mops, das Eierkochen nach Gefühl oder die zwei Herren in der Badewanne – doch Sie kennen ihn ja gut genug. Wollen wir diese Woche an diesen großen Menschen denken und uns dazu inspirieren lassen, ganz wir selbst zu sein und insbesondere den Humor nicht zu verlieren, bei allem, was wir auch tun, was immer uns auch widerfährt.

Den eigenen Weg gehen

Die Grundlage für ein sinnerfülltes Leben ist ein gesundes Selbstwertgefühl. Solange es Ihnen nicht gelingt, ganz Sie selbst zu sein, können Sie nicht zu Ihren spirituellen Wurzeln finden. Auch können Sie andere in ihrer Einzigartigkeit nicht verstehen und akzeptieren, solange Sie Ihre eigene Einzigartigkeit nicht erkennen.

Was hindert Sie daran, zu sich selbst zu stehen? Ist es vielleicht der Perfektionismus, der Drang, alles hundertprozentig

193

perfekt machen zu wollen? Dabei wissen wir alle, dass die Dinge in unserem Leben nun mal nicht immer so laufen, wie wir das gerne hätten. Fehler zu machen ist menschlich und wichtig. Hüten Sie sich davor, zu viel von sich zu erwarten, denn hohe Erwartungen führen zwangsweise zu Unzufriedenheit und Enttäuschungen und hindern Sie daran, zu sein, wie Sie sind.

Ein anderes Problem, unter dem vor allem sensible Menschen leiden, ist die Unfähigkeit, sich von anderen abzugrenzen. Doch Sie haben ein Recht darauf, Sie selbst zu sein, sich zu schützen. Sie dürfen ruhig »Nein« sagen – und vielleicht sollten Sie genau das in diesen Tagen einmal öfters tun. Sich abzugrenzen hat nichts damit zu tun, Mauern zu errichten. Zeigen Sie Ihre Grenzen freundlich auf und lassen Sie sich nicht von anderen manipulieren.

Nutzen Sie die Tage dieser Woche, um herauszufinden, wer Sie wirklich sind. Was macht Sie aus? Was ist Ihnen wichtig? Und welchen Weg wollen Sie gehen? Trauen Sie sich, Sie selbst zu sein und das auch nach außen hin zu vertreten.

Morgensegen

Sie erwachen – und können staunen: Hier sind Sie, ein einmaliger, von allen anderen Menschen verschiedener Mensch. Wer ist dieser Mensch?

Auch dieser Moment ist einmalig, ebenso wie dieser gerade angebrochene Tag. Stimmen Sie sich mit einem Segensgedanken auf den Tag ein. Bleiben Sie noch ein wenig liegen oder stehen Sie auf, bewegen Sie sich ein bisschen – spüren Sie sich selbst, machen Sie, was Ihnen guttut. Kommen Sie dann zur Ruhe und wiederholen Sie fünfmal die Segensworte für diesen Tag:

 Ich segne diesen Tag, indem ich erkenne, dass ich vollkommen in Ordnung bin, als Person, die ich bin.

Nach jeder Wiederholung atmen Sie einmal tief durch. Spüren Sie die Kraft des Segens und achten Sie auf das, was diesen Tag einmalig macht.

Abendsegen

Der Kreis ist das Symbol der Ganzheit. Wenn möglich, dann legen Sie in Ihrem Zimmer einen schützenden Kreis aus Steinen, Kastanien oder Teelichtern aus, der groß genug ist, dass Sie in seiner Mitte sitzen können.

Sitzen Sie aufrecht und entspannt und schließen Sie die Augen. Denken Sie noch einmal an den heutigen Tag zurück:

– Wann waren Sie authentisch und haben ehrlich gesagt, was Sie denken? Und wo ist Ihnen das heute schwergefallen? Was hat Ihnen Ihre Energien geraubt? Haben alte Muster es Ihnen unmöglich gemacht, lebendig zu sein? Hätten Sie gerne andere Entscheidungen getroffen, andere Dinge getan oder im Job und in der Freizeit andere Akzente gesetzt? Was hat Sie daran gehindert, so zu handeln, wie es Ihrer inneren Stimme entspricht?

– Lassen Sie nun alle Gedanken und Erinnerungen los. Kommen Sie ganz bei sich selbst an. Spüren Sie Ihren Körper – wie Sie hier sitzen, die Schwere Ihres Körpers, die Entspannung in den Muskeln. Lassen Sie den Atem frei strömen und beobachten Sie ihn eine Weile. Spüren Sie Ihre Lebendigkeit – hier und in diesem Augenblick. Nehmen Sie sich so an, wie Sie sind und verzeihen Sie sich selbst, wenn einmal etwas nicht so klappt, wie es »soll«.

– Beenden Sie die Meditation, indem Sie die Augen wieder öffnen, langsam aufstehen und aus dem Kreis heraustreten.

NACHTGEBET

Mich gibt es nur einmal
im ganzen Universum
zu allen Zeiten,
und nur einmal gibt es dich!

Lehren und Lernen

In den Tagen der neunten Herbstwoche besinnen wir uns auf das, was wir in unserem Leben lernen und was wir weitergeben. Denn ob wir es absichtsvoll tun oder nicht: Ständig lernen und lehren wir. Unser Geist kann gar nicht anders: Er will lernen. Und wenn wir mit anderen Menschen sprechen, lehren wir unwillkürlich. Lassen wir unserem Wissensdurst freien Lauf und mögen wir gute Lehrer sein! An diesen Tagen wollen wir besonders darauf achten, was wir Neues erfahren und welche Lehren wir durch unser Verhalten anderen erteilen.

Bauernregeln

Die Inspiration der Woche

In der neunten Woche des Herbstes geht es um das Wechselspiel zwischen lehren und lernen – und ich finde kaum jemand Besseren als Vorbild dafür als den Vater von Wolfgang Amadé Mozart, Leopold Mozart, der in der neunten Herbstwoche, am 14. November 1719 in Augsburg auf die Welt kam. Er war ein hervorragender Musiker und Komponist und wurde in Salzburg zum »Hof- und Cammer-Componist« ernannt. Doch seine eigenen großen musikalischen Leistungen treten hinter dem zurück, was er der Welt durch das Unterrichten hinterlassen hat. Beide seiner Kinder waren musikalische Wunderkinder: Maria Anna Mozart (»das Nannerl«) und natürlich Wolfgang Amadé Mozart. Leopold Mozart erinnert uns daran, dass hinter jedem Genie ein begnadeter Lehrer steht, der ihn auf seinen Weg geführt hat.

Weisheit statt Wissen

Solange wir leben, hören wir nicht auf zu lernen. Als Kinder lernen wir eine Menge – zum Beispiel Laufen, Sprechen oder Radfahren. Doch auch im Alter vergeht kein Tag, an dem wir nicht durch unsere Erfahrungen lernen. Ebenso wie alles, was uns begegnet, uns etwas lehren kann, können auch wir zu einem Lehrer oder einer Lehrerin für andere werden. Denn was immer wir sagen, tun oder ausstrahlen – es wirkt sich auf unseren Nächsten aus, auch wenn wir uns dessen oft nicht bewusst sind. Doch genau darum geht es in diesen Tagen: Lernen und Lehren als bewusste Tätigkeiten zu erkennen und zu vertiefen. Auch wenn es sinnvoll ist, neue Sprachen, Instrumente oder Sportarten zu erlernen und seinen Horizont ständig zu erweitern, so geht es jetzt doch um etwas anderes: Was können wir vom Leben lernen? Wie können wir Weisheit erlangen? Wenn wir unsere Tage in segensvolle Tage verwandeln wollen, sollten wir uns mit diesen Fragen beschäftigen. Wir sollten zu spirituellen Schülern und Lehrern werden. Die Verantwortung, unsere Erkenntnisse an andere weiterzugeben, wächst dann mit zunehmender Reife.

Die Dinge, die es auf dem spirituellen Weg zu lernen gibt, sind ganz naheliegend: Wir können lernen, offen für Neues zu sein, Altes loszulassen, zu verzeihen oder andere Menschen mitfühlend zu unterstützen. Wir können lernen, Gelassenheit zu entwickeln und uns selbst und andere aus ganzem Herzen anzunehmen.

Für die folgenden Tage schlage ich Ihnen vor, ganz genau hinzusehen, wie jeder einzelne Tag dazu beitragen kann, sowohl Schüler als auch Lehrer zu sein. Wichtig ist dabei vor allem, in den Menschen, denen Sie begegnen, potenzielle Lehrer zu sehen, und zwar auch dann, wenn Sie mit diesen Menschen Schwierigkeiten haben.

Morgensegen

An den Tagen dieser Woche sollten Sie Ihre Augen nach dem Aufwachen noch geschlossen halten. Versuchen Sie, sich an Ihre Träume zu erinnern. Bemühen Sie sich nicht zu sehr, sehen Sie einfach, ob Erinnerungen oder Bilder auftauchen. Stehen Sie dann auf, gehen Sie zum Fenster und blicken Sie in den Himmel. Legen Sie Ihre rechte Hand auf die Brustmitte und wenden Sie die Handfläche der linken Hand nach vorn. Wiederholen Sie siebenmal die Segensworte für diesen Tag:

 Ich lerne jeden Tag durch meine Sinne, und jeden Tag lehre ich durch meine Taten. Möge dieser Tag gesegnet sein.

Nach jeder Wiederholung schließen Sie kurz die Augen und atmen einmal tief durch. Stellen Sie sich dabei vor, wie Ihre innere Weisheit beim Ausatmen nach außen strahlt und wie beim Einatmen neue, bunte Aspekte der Welt Ihre Seele erfüllen. Genießen Sie die Kraft des Segens und freuen Sie sich auf das, was dieser Tag Ihnen bringen wird.

Abendsegen

Nehmen Sie sich heute Zeit für eine kurze Energiemassage. Sie können dadurch Ihr spirituelles Zentrum in der Stirnmitte anregen und dazu beitragen, höhere Erkenntnisse zu gewinnen.

   – Legen Sie sich entspannt auf den Rücken. Lassen Sie sich von der Erde tragen und schließen Sie die Augen. Sobald

Sie etwas zur Ruhe gekommen sind, kreisen Sie die Handflächen einige Male sanft aneinander, um die Energie in Ihren Händen zu aktivieren.

– Legen Sie Ihre Handflächen jetzt sanft übereinander auf die Stirn. Die Hände sollten der natürlichen Linie der Unterarme folgen – achten Sie darauf, dass Sie Ihre Hände und Arme nicht verspannen.

– Lassen Sie die Hände ruhig auf der Stirn aufliegen und visualisieren Sie dabei einen Energiestrahl, der von den Händen in die Stirn strömt. Sie können der Energie innerlich die Gestalt eines dunkelblauen Wirbels oder Strahls geben.

– Bleiben Sie ganz entspannt und konzentrieren Sie sich einige Atemzüge lang auf diese Imagination.

– Beenden Sie die Energiemassage dann, indem Sie die Hände wieder langsam von der Stirn lösen. Atmen Sie dreimal tief durch, bevor Sie die Augen wieder öffnen.

NACHTGEBET

Ich tue nichts mehr,
was mich nicht auch wachsen lässt.
Alles, was mir begegnet,
wird mir zum Lehrer.

Gefühle
willkommen heißen

Gefühle bestimmen alles, was wir tun. Selbst die rationalste Entscheidung gründet auf emotionalen Bewertungen. Die Dinge an sich sind ja nicht rational oder irrational. Unsere Bewertungen und Werte bestimmen, ob etwas rational ist. Doch diese Bewertungen und Werte selbst kommen nicht durch rationale Abwägung zustande. Unsere Gefühle leiten unseren Verstand. An den Tagen der zehnten Herbstwoche wollen wir unsere Gefühle willkommen heißen und sie mit unserem Verstand versöhnen. Vielleicht kommen wir in diesen Tagen dem Geheimnis des Glückes auf die Spur.

Bauernregeln

22.11. WENN ES AN CÄCILIA SCHNEIT,
IST DER WINTER NIMMER WEIT.
23.11. SANKT CLEMENS UNS DEN WINTER BRINGT.
25.11. WIE DAS WETTER ZU SANKT KATHREIN,
WIRD AUCH DER NÄCHSTE HORNUNG (FEBRUAR) SEIN.
26.11. AN KONRAD STEHT KEIN MÜHLENRAD,
WEIL DER JA IMMER WASSER HAT.
27.11. FRIERT ES AUF VIRGILIUS,
IM MÄRZEN KÄLTE KOMMEN MUSS.

Die Inspiration der Woche

Die zehnte Woche des Herbstes möchte ich John Heinrich Detlef Rabe widmen, der am 23. November 1882 geboren wurde. Rabe ist auch als »Oskar Schindler Chinas« oder »der gute Deutsche von Nanjing« bekannt. Im Zweiten Weltkrieg rettete er 200.000 Chinesen. Solche Taten entstehen nie »kaltblütig«; sie kommen dann zustande, wenn wir unsere Gefühle willkommen heißen und der Weisheit unseres Herzens folgen, anstatt Trieben wie unserer Angst zu erliegen oder dem berechnenden Verstand zu gehorchen.

Gefühle spüren und akzeptieren

In diesen Tagen wollen wir darauf achten, in Harmonie mit unseren Gefühlen zu leben. Nicht nur unsere Lebendigkeit, sondern auch unser Glück hängt von unseren Gefühlen ab, denn sie bestimmen unser Lebens-*Gefühl* sehr viel stärker als die äußeren Umstände. Wie also können wir mit unseren Gefühlen in Frieden sein, statt sie zu verdrängen oder gegen sie anzukämpfen?

Zwei Schritte sind dazu nötig: Zum einen müssen wir unsere Gefühle wirklich spüren, zum anderen sollten wir lernen, sie anzunehmen und Freundschaft mit ihnen zu schließen. Während das mit angenehmen Gefühlen meist leicht fällt, ist der Umgang mit unangenehmen Gefühlen oft schwierig. Doch gerade jetzt, in der dunklen Jahreszeit, treten Gefühle wie Ängste, Traurigkeit, Unruhe oder Einsamkeit besonders häufig auf. So wenig, wie Sie verhindern können, dass der Herbstwind durch die Bäume fegt, können Sie verhindern, dass Emotionen durch Ihre Seele »wehen«. Doch eines können Sie verhindern – dass sie dort Schaden anrichten. Gehen Sie mitfühlend mit Ihren Gefühlen um. Statt sie zu bändigen oder zu verdrängen, sollten Sie sie einfach nur wahrnehmen und annehmen. Gefühle sind wichtige Boten, die Ihnen etwas darüber verraten, was Ihnen guttut und was nicht.

Stellen Sie sich diese Woche öfter einmal die Frage, wie Sie sich fühlen beziehungsweise was Sie gerade fühlen. Beobachten Sie Ihre Gefühle achtsam und freundlich, nehmen Sie sie wie Gäste auf und dann – lassen Sie sie wieder ziehen.

Morgensegen

Nehmen Sie sich etwas Zeit, bevor Sie aufstehen. Sprechen Sie innerlich das Wort »Glück« und beobachten Sie, was für

Bilder und Gefühle auftauchen. Halten Sie nichts fest, sondern sehen Sie es sich nur an. Atmen Sie dann tief durch und sagen Sie innerlich »Angst«. Achten Sie darauf, wie das Wort Gefühle und innere Bilder in Ihnen auslöst. Denken Sie nicht darüber nach, sondern heißen Sie die Gefühle willkommen. Atmen Sie wieder tief durch und sagen Sie innerlich »Wut« und beobachten Sie wiederum, was nun in den Vordergrund rückt. Atmen Sie ein letztes Mal tief durch und sagen Sie innerlich »Frieden«. Achten Sie wieder auf Ihre Gefühle und heißen Sie sie willkommen.

Strecken und rekeln Sie sich ein wenig. Dann entspannen Sie sich und wiederholen dreimal die Segensworte für diesen Tag:

 Ich werde heute meinem Herzen folgen und meine Gefühle annehmen. Meine Gefühle segnen diesen Tag.

Nach jeder Wiederholung atmen Sie einmal tief durch. Spüren Sie die Kraft des Segens und freuen Sie sich auf das, was dieser Tag bringen wird.

Abendsegen

Setzen Sie sich mit geschlossenen Augen auf einen Stuhl oder ein Meditationskissen. Halten Sie den Rücken aufrecht, aber bleiben Sie entspannt. Ergründen Sie Ihre Gefühle:

    – Wie geht es Ihnen gerade? Können Sie Ihre Stimmung wahrnehmen? Wenn Sie Ihre Gefühle anfangs nicht klar benennen können, dann teilen Sie sie in »angenehme«, »unangenehme« oder »neutrale« Gefühle ein.

- Gehen Sie nun noch einen Schritt weiter und versuchen Sie, Ihre momentanen Gefühle genauer zu bezeichnen. Fühlen Sie Niedergeschlagenheit, Ärger, Angst oder Scham? Oder vielleicht Freude und Heiterkeit? Sobald Sie ein Gefühl klar benennen können, sollten Sie es jedoch neutral formulieren. Denken Sie also beispielsweise nicht »Ich bin ängstlich«, sondern »da ist Angst«.

- Spüren Sie das jeweilige Gefühl. Achten Sie darauf, ob und wie es sich auf Ihren Körper oder Ihre Atmung auswirkt. Bleiben Sie achtsam, ohne sich mitreißen zu lassen.

- Lassen Sie das Gefühl ruhig ganz und gar da sein … und nehmen Sie dann auch wahr, wie es sich irgendwann von selbst wieder auflöst. Beenden Sie die Übung, indem Sie tief durchatmen und die Augen öffnen.

NACHTGEBET

Das Geheimnis des Glücks ist nur geheim,
weil meine Augen geschlossen sind.
Ich öffne meine Augen
und finde das Glück im Hier und Jetzt.

Vergeben

Der Herbst geht allmählich dem Ende zu. Es ist bereits die elfte Woche des Herbstes, und es fühlt sich mitunter schon wie Winter an. Die Weihnachtszeit beginnt. Dazu passt, dass wir die Tage dieser Woche dem Vergeben widmen. Wir besinnen uns an diesen Tagen darauf, dass wir Vergebung nicht um der anderen willen üben, sondern um uns selbst von Last zu befreien. Das ist ja ein häufiges Missverständnis, dass wir anderen etwas Gutes tun, wenn wir ihnen vergeben. Manchmal ist das *auch* der Fall – doch *immer* erleichtern wir uns selbst durch das Vergeben.

Bauernregeln

30.11. ANDREAS-SCHNEE

TUT KORN UND WEIZEN WEH.

01.12. ELIGIUS EIN KALTER WINTERTAG,

DER WOHL VIER MONDE DAUERN MAG.

02.12. WANN'S REGNET AM BIBIANATAG,

REGNT'S VIERZIG TAG UND A WOCH'N DANACH.

04.12. GEHT BARBARA IM KLEE,

KOMMT'S CHRISTKIND IM SCHNEE.

Die Inspiration der Woche

Obwohl er nur 25 Jahre alt wurde, schuf der Dichter Wilhelm Hauff, der am 29. November 1802 geboren wurde, einige der schönsten und bekanntesten deutschen Märchen. In der elften Herbstwoche wollen wir ihn uns zur Inspiration nehmen, insbesondere seine Märchen »Die Sage vom Hirschgulden«, »Die Geschichte Almansors« und allen voran »Das kalte Herz«, in denen die Kraft der Vergebung eine wichtige Rolle spielt, sollten wir wieder einmal lesen und auf uns wirken lassen. Denn sicher gibt es auch bei uns einen Menschen, dem wir vergeben oder den wir um Vergebung bitten können. Gerade in der Winterzeit könnten wir uns auf die schöne Tradition besinnen, uns an einen geborgenen Ort zurückzuziehen, um mit einem guten Buch in die Märchenwelt zu reisen. Ebenso können wir Märchen auch mit anderen teilen und sie unseren Liebsten vorlesen.

Übelwollen loslassen

Segnen wir unsere Tage, indem wir uns von allem befreien, was unnötig und belastend ist. Mit Heiterkeit und Leichtigkeit kommen wir auf unserem Weg deutlich besser voran, als wenn wir einen schweren Rucksack mit Ballast mit uns herumschleppen. Wie alle Menschen, so sind auch wir zu bestimmten Zeiten unseres Lebens von anderen verletzt worden. Das ist leider unvermeidlich. Nachtragend zu sein und Rachegefühle zu hegen ist jedoch ganz und gar nicht unvermeidlich. Sie selbst können entscheiden, ob Sie diese Last anderen wirklich »nachtragen« wollen oder ob Sie sich davon befreien.

Gandhi sagte einmal, dass der Schwache nie verzeihen kann, da Vergebung eine Eigenschaft des Starken ist. Und tatsächlich fällt es unserem Ego sehr viel leichter, es anderen zu verübeln, wenn sie uns schlecht behandelt haben, als loszulassen und zu vergessen, was war.

Verzeihen ist eine Kunst, die wir jeden Tag aufs Neue üben können – nicht nur, weil andere Fehler machen, sondern auch weil wir selbst immer wieder einmal Fehler machen oder dumme Entscheidungen treffen. Sich selbst nicht vergeben zu können, ist mindestens genauso belastend, wie unseren Mitmenschen etwas nachzutragen. Wenn Sie sich in diesen Tagen also darum bemühen, das Vergangene zu begraben, dann vergessen Sie dabei nicht, auch sich selbst zu verzeihen. Verzeihen ist ja an sich nichts anderes als Loslassen. Üben Sie, die belastenden Erinnerungen daran, was andere getan haben, ebenso loszulassen wie Ihre eigenen negativen Gefühle dazu.

Morgensegen

Der Morgensegen dieser Tage soll Sie auf die Vergebung ein-
stimmen. Nicht nur anderen, die Ihnen Böses getan haben, sondern ebenso sich selbst sollten Sie vergeben können. Wenn Sie
aufwachen, nehmen Sie sich eine Minute Zeit, um an einen
Menschen zu denken, der Sie nicht gut behandelt hat. Lächeln
Sie ihn innerlich an und sprechen Sie den Morgensegen:

Ich vergebe dir. Mögest du Frieden finden. Gesegnet sei dieser Tag.

Atmen Sie tief durch, legen Sie die Hände über Ihr Herz, und
wiederholen Sie die Sätze:

»Ich vergebe dir. Mögest du Frieden finden. Gesegnet sei
dieser Tag.«

Atmen Sie tief durch, legen Sie die Hände über Ihr Herz,
wenden Sie Ihren Blick auf Ihr Inneres und vergeben Sie auch
sich selbst:

»Ich vergebe mir. Friede und Heiterkeit segnen meinen
Tag.«

Nach jeder Wiederholung atmen Sie einmal tief durch.
Spüren Sie die Kraft des Segens und freuen Sie sich auf die
Freiheit, die die Kraft der Vergebung Ihnen an diesem Tag
bringt.

Abendsegen

In dieser Woche können Sie die Tage mit einem kleinen Ritual abschließen, das Sie entweder feierlich zelebrieren oder

auch in wenigen Minuten durchführen können. Sie brauchen dafür nur eine feuerfeste Schale, Streichhölzer, ein kleines Stück Papier und einen Stift; und da es ein Feuerritual ist, sollten Sie das Zimmer anschließend gründlich lüften.

– Setzen Sie sich auf den Boden oder an einen Tisch und achten Sie darauf, alle Utensilien greifbar zu haben. Schließen Sie kurz die Augen und überlegen Sie: Was möchten Sie verzeihen, um welche Kränkung, Zurückweisung oder Verletzung geht es? Und wer ist es, dem Sie das übel nehmen. Bedenken Sie, dass es durchaus auch Sie selbst sein können, dem oder der Sie etwas nachtragen.

– Versuchen Sie, sich kurz hineinzuversetzen und zu verstehen, warum der- oder diejenige möglicherweise so gehandelt hat – ob er oder sie damals vielleicht selbst in einer Not oder von einer Emotion geleitet war.

– Öffnen Sie die Augen und schreiben Sie Ihre Gedanken auf das Papier: »Liebe/Lieber ... Du hast mich verletzt, als Du ... Doch warum auch immer Du so gehandelt hast – es ist vorbei, und ich verzeihe Dir aus ganzem Herzen.«

– Zerreißen Sie das Papier in kleine Stücke, die Sie in die Schale legen. Verbrennen Sie es zum Zeichen für Ihre Bereitschaft, das Alte loszulassen. Betrachten Sie die Flamme und den Rauch und lassen Sie los. Verzeihen Sie dem anderen, verzeihen Sie sich selbst.

– Sollten Sie einmal keine Möglichkeit haben, das Ritual durchzuführen, können Sie alle Schritte auch vor Ihrem inneren Auge ablaufen lassen.

NACHTGEBET

Nachtragen ist viel zu mühsam.
Ich lass die alten Lasten los,
ich beschenke mich selbst mit Vergebung,
geh' leicht und heiter meiner Wege.

Seinen Kurs korrigieren

Bald bricht der Winter an. Es ist eine gute Zeit, die Dinge zu überdenken. Nun wollen wir einmal überprüfen, wie sich unsere Ziele entwickelt haben. Es ist völlig normal und in Ordnung, dass nicht alle Ziele, die wir anstreben, echte Herzensziele sind. Manches wird uns erst nach einer Weile klar – mir ging es so, als ich unbedingt Trompete lernen wollte und dann herausfand, dass das Cello »mein« Instrument ist. Finden wir den Mut, das Gute zu bewahren und dasjenige über Bord zu werfen, was uns nur belastet. Die Tage der zwölften Herbstwoche sind also wieder unseren Herzenszielen gewidmet.

Bauernregeln

06.12. REGNET'S AN SANKT NIKOLAUS,
WIRD DER WINTER STRENG UND GRAUS.
07.12. IST AMBROSIUS SCHÖN UND REIN,
WIRD FLORIAN (4. MAI) EIN WILDER SEIN.
08.12. MARIÄ EMPFÄNGNIS REGEN
BRINGT DEM HEU KEINEN SEGEN.

Die Inspiration der Woche

Es gibt einen Heiligen, über dessen Leben wir kaum etwas wissen und der uns dennoch ganz vertraut ist: der heilige Nikolaus, der am 06. Dezember seinen Namenstag hat. Der Nikolaustag ist ein Glanzlicht in der Vorweihnachtszeit für Kinder; denn er bringt oft Süßigkeiten mit.

Der historische Nikolaus war im vierten Jahrhundert in Myra in Lykien, einem kleinen Ort etwa 100 Kilometer von Antalya in der heutigen Türkei, Bischof. Sein Vermögen verteilte er unter den Armen. Und das war damals wie heute nicht selbstverständlich; immerhin war es so ungewöhnlich, dass andere Bischöfe des vierten Jahrhunderts wie Ambrosius von Mailand und Basilius von Caesarea davon berichteten. Der heilige Nikolaus kann uns in der zwölften Woche des Herbstes inspirieren, einerseits an unseren Werten festzuhalten, aber auch den Mut zu haben, unseren Kurs zu korrigieren und uns mit all unseren Kräften für das Gute einzusetzen.

Sackgassen erkennen

Auf dem Weg zu unseren Zielen machen wir auch Fehler. Das ist ganz normal; manchmal müssen wir vieles ausprobieren, müssen viele Erfahrungen sammeln, bis wir herausfinden, wo es weitergeht. Fatal ist es nur, wenn wir uns in Sackgassen, in die wir geraten sind, verirren.

Wenn wir die Ziele unseres Herzens verfolgen, sind drei Dinge wichtig: Erstens müssen wir herausfinden, was wir wollen, wohin die Reise geht und ob sie sich wirklich lohnt. Zweitens dürfen wir nicht zu schnell aufgeben, müssen geduldig und ausdauernd sein und sollten uns von Rückschlägen nicht beirren lassen. Drittens sollten wir zwischendurch Bilanz ziehen und einen klaren Blick darauf werfen, ob unsere Ziele noch zu uns passen und ob die Methoden, die wir anwenden, um dorthin zu gelangen, noch die richtigen sind. Und genau das sollten Sie in dieser Woche tun.

Besinnen Sie sich auf das, was Sie wirklich wollen und überprüfen Sie, ob sich Ihre Ziele womöglich geändert haben. Beobachten Sie sich im Alltag: Stehen Ihre Handlungen und Entscheidungen mit Ihrer Sehnsucht, Ihr Herzensziel zu erreichen, im Einklang? Wo müssen Sie Ihren Kurs womöglich korrigieren? Ziehen Sie eine Zwischenbilanz, behalten Sie bei, was gut war, und lassen Sie los, was Ihnen im Weg steht.

Morgensegen

Wenn Sie an diesen Tagen aufwachen, so stimmen Sie sich mit einem Segensgedanken für Ihre Herzensziele auf den Tag ein. Sobald Sie aufgewacht sind, nehmen Sie sich noch etwas Zeit, um Ihre Ziele bewusst zu erleben. Sind die Ziele, die Sie sich im Frühjahr gesetzt haben, noch dieselben? Haben Sie sich im Sommer und Herbst weiterentwickelt? Sind Sie ihnen näher gekommen oder haben Sie sie gar schon erreicht? Grübeln Sie nicht über diese Dinge nach, sondern richten Sie Ihre Aufmerksamkeit nur kurz dorthin. Ihre Gefühle sagen Ihnen alles Wichtige.

Legen Sie dann die Hände zunächst auf den unteren Bauch, dann in die Leibmitte und dann auf die Mitte der Brust. Richten Sie Ihre Gedanken auf Ihre Herzensziele und wiederholen Sie jeweils dreimal die Segensworte für diesen Tag:

Ich lasse los, was mich von meinem Herzensziel abhält. Das Loslassen segnet meinen Tag.

Nach jeder Wiederholung atmen Sie einmal tief durch. Spüren Sie die Kraft des Segens und achten Sie auf alles, was Sie Ihren Herzenszielen näher bringen wird.

Abendsegen

Legen Sie sechs Notizzettel und einen Stift bereit und setzen Sie sich bequem hin – entweder auf den Boden, das Sofa oder Ihr Bett. Rechts und links von Ihnen sollte ein wenig Platz sein.

- Stellen Sie sich eine Zeitlinie vor: Sie sitzen in der Mitte im Jetzt, auf Ihrer linken Seite liegt Ihre Vergangenheit, auf der rechten die Zukunft. (Sie können die Seiten auch vertauschen, wenn sich das besser anfühlt.)
- Nehmen Sie nun die Notizzettel zur Hand und schreiben Sie auf drei der Zettel je eine Sache auf, die Sie daran hindert, Ihre Herzensziele zu erreichen – zum Beispiel »Trägheit«, »Ich traue es mir nicht zu«, »Ich lasse mich oft ablenken«, »Angst« oder Ähnliches. Legen Sie die Blätter auf der Seite ab, die Ihre Vergangenheit repräsentiert.
- Beschriften Sie dann drei Zettel mit Dingen, die Ihnen helfen, Ihre Herzensziele zu erreichen – etwa »Ausdauer«, »Ich werde weniger Zeit vergeuden« oder »Mut«.
- Schließen Sie nun die Augen und konzentrieren Sie sich auf den Atem. Im Atem geschieht es ganz automatisch, dass Sie Altes, Verbrauchtes loslassen und neue, inspirierende Energie aufnehmen.
- Atmen Sie langsam durch die Nase ein – lassen Sie zu, dass Körper und Geist sich mit frischer Energie versorgen. Sie müssen dabei nichts forcieren.
- Atmen Sie dann langsam und tief durch den leicht geöffneten Mund aus. »Hauchen« Sie alles Belastende, alles Vergangene aus. Wiederholen Sie diesen Zyklus mindestens fünfmal.
- Beenden Sie die Meditation, indem Sie Ihren Atem wieder auf natürliche Weise fließen lassen und schließlich die Augen öffnen.

NACHTGEBET

Bin ich noch auf dem rechten Weg?
Ich lausche nur und mach' mir keine Sorgen.
Und weil ich keine Ängste heg',
seh' ich voll Zuversicht ins Morgen.

218

Rückbesinnung
auf den Herbst

Der Herbst nimmt Abschied, und es kommt eine stille Zeit, in der die Natur ruht. Wir besinnen uns an diesen letzten Tagen des Herbstes immer wieder auf das, was uns im letzten Vierteljahr widerfahren ist, was wir lernen durften und wie wir uns weiterentwickeln konnten. Sicherlich ist wieder viel geschehen in dieser Zeit: Für die Kinder hat ein neues Schuljahr begonnen, ein neues Christfest steht vor der Tür, bald wird wieder ein Jahr vorüber sein. Wir segnen die Tage dieser letzten Herbstwoche, indem wir uns immer wieder einmal auf das Gute und Lehrreiche zurückbesinnen.

Bauernregeln

**16.12. UM ADELHEID, DA KOMMT DER SCHNEE,
DER TUT DER WINTERSAAT NICHT WEH.**

Die Inspiration der Woche

Die letzte Woche des Herbstes möchte ich dem großen Dichter und Künstler Robert Gernhardt widmen, der am 13. Dezember 1937 geboren wurde. Sein tiefgründiger, von einer großen Heiterkeit getragener Humor begleitete ihn bis zu seinem Tod 2006. Robert Gernhardt inspiriert mich, die Dinge mit Heiterkeit zu sehen – und auf das, was ist, zurückzublicken als das, was war.

Abschied vom Herbst

Ein Blick nach draußen, und es wird klar: Langsam, aber sicher geht es auf den Winter zu. Die Zeit der goldenen Herbsttage ist vorbei, es wird immer dunkler, es wird kälter. Wir stehen am Übergang zwischen Herbst und Winter und sollten diese Gelegenheit nutzen, uns die letzten Monate noch einmal in Erinnerung zu rufen. *»Das Glänzen der Natur ist höheres Erscheinen«,* heißt es in Hölderlins Herbstgedicht. Konnten Sie die Verbindung zu etwas Höherem während der goldenen Herbsttage spüren? Gab es wenigstens zwischendurch einmal kurze Phasen des Innehaltens, gab es heilige Zeiten? Oder hatte Ihr Alltag Sie fest im Griff?

Der Herbst ist die Zeit der Ernte, die Zeit, in der alles, was im Jahr wachsen konnte, reifen und schließlich zur Vollendung kommen kann. Versuchen Sie das in diesen Tagen mit sich selbst in Bezug zu setzen. Konnten Sie erkennen, dass Ihre Entwicklung im einen oder anderen Bereich Ihres Lebens einen Höhepunkt erlangt hat, zur Vollendung und damit zur Ruhe gekommen ist? Vielleicht konnten Sie ja einen Konflikt beseitigen, jemandem sagen, dass Sie tief für ihn empfinden, ein Projekt beenden oder sich Ihrer Wünsche und Ziele bewusster werden. Es ist nicht wichtig, ob sofort Erinnerungen aufsteigen oder nicht. Wichtig ist nur, sich etwas Zeit zu nehmen, um darüber nachzudenken, was geschehen ist – nicht nur an der Oberfläche, im sichtbaren Leben, sondern auch in der Tiefe. Erkennen Sie an, dass dieser Herbst ein wichtiger Teil Ihres Lebens war, schließen Sie Frieden mit dem, was passiert ist und bedanken Sie sich für alles, was Sie in dieser Jahreszeit erleben durften.

Morgensegen

Die Tage dieser Woche beginnen Sie am besten mit einer kurzen Besinnung auf das, was Sie in diesem Herbst erlebt haben. Lassen Sie diese Zeit in Ihrer Vorstellung im Zeitraffer ablaufen – jeden Tag wird der innere Film ein wenig bunter und deutlicher. Stimmen Sie sich dann mit einem Segensgedanken auf den Tag ein. Dazu legen Sie die rechte Hand auf die Brust, die linke auf den Bauch. Richten Sie Ihre Gedanken auf die Dinge, die in diesem Herbst besonders wichtig für Sie waren und wiederholen dann dreimal die Segensworte für diesen Tag:

» Das Wachsen war gut, das Reifen war gut, das Ernten war gut. Und auch die Stille vor dem Neubeginn wird gut sein. Gesegnet sei dieser Tag. «

Nach jeder Wiederholung atmen Sie einmal tief durch und spüren dem Widerhall des Segens in Ihren Gefühlen nach.

Abendsegen

Wenn Sie in diesen Tagen auf die letzten Monate zurückblicken, möchten Sie dazu vielleicht einen kleinen »Herbstaltar« in Ihrem Zimmer aufstellen. Dazu können Sie typische Herbstobjekte wie Kastanien, Eicheln, Herbstlaub oder ein paar Wurzeln oder Hölzer, die Sie bei einem Spaziergang gefunden haben, auf einem Tischlein arrangieren.

– Stellen Sie eine Bienenwachskerze auf Ihren Altar, lassen Sie den Eindruck einige Atemzüge lang auf sich wirken und schließen Sie dann die Augen.

– Rufen Sie sich den Herbst noch einmal in Erinnerung – die letzten Tage, die letzten Wochen, die letzten Monate. Wie ist es Ihnen ergangen, was fühlen Sie, wenn Sie heute an diese Zeit zurückdenken?

– Überlegen Sie, welches die drei wichtigsten Erlebnisse waren, die Sie in diesem Herbst gemacht haben.

– Denken Sie darüber nach, wer die drei wichtigsten Menschen waren, die Sie in dieser Zeit begleitet haben. Haben Sie sich gegenseitig unterstützt und inspiriert?

– Welches waren die drei wichtigsten Ziele oder Absichten, die Sie in diesen Monaten verfolgt haben?
– Schließen Sie die Übung ab, indem Sie tief durchatmen, die Augen öffnen und noch einmal einen Blick auf Ihren »Herbstaltar« werfen.

NACHTGEBET

Die Blätter sind gegangen,
der bunte Abschied reift zur Ruhe.
In Ruhe bin ich unbefangen:
Das Leben kehrt zurück, was ich auch tue.

Winter

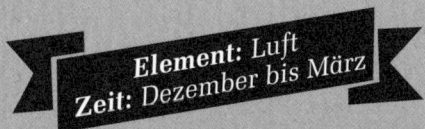

Element: Luft
Zeit: Dezember bis März

Mit der Wintersonnwende, dem Zeitpunkt, da die Sonne im Jahreslauf die geringste Mittagshöhe über dem Horizont einnimmt, zieht der Winter ins Land. Jetzt sind die Tage am kürzesten, und es beginnt die stille Zeit.

Die Blätter sind gefallen, und auch die letzten Blumen sind verblüht. Die Tier- und Pflanzenwelt zieht sich mehr und mehr in die Stille des Winters zurück. Für Igel, Murmeltiere, Eichhörnchen und Maulwürfe beginnt nun der Winterschlaf. Auf und unter der Erde verlangsamen sich die Stoffwechselprozesse, doch das Leben geht weiter. Im Winter werden die Energien gesammelt, die künftiges Wachstum erst ermöglichen.

Mit der kalten, dunklen Jahreszeit schließt sich der Jahreskreis. Gerade jetzt sollten auch wir Menschen uns darum bemühen, zur Ruhe zu kommen und das Geheimnis der Stille zu ergründen. Leider ist das nicht immer leicht, da gerade in der Vorweihnachtszeit oft viel Alltagsstress und hektisches Treiben herrscht. Nur indem wir regelmäßig bewusst innehalten, können wir uns dem entziehen.

Das Element, das dem Winter für gewöhnlich zugeordnet wird, ist das Luftelement. Es lädt dazu ein, nach innen zu gehen, es reinigt und kühlt. Im Atemprozess spiegelt sich das Kommen und Gehen, das Sich-Dehnen und wieder Zusammenziehen.

Im Winter finden wir eine Fülle an alten Bräuchen und Feiertagen, denken wir nur an das Weihnachtsfest, Silvester oder den Karneval. Eine besondere Bedeutung kommt auch den Rauhnächten zu – so werden die zwölf heiligen Nächte in der Schwellenzeit zwischen den Jahren genannt, in der Altes und Neues, Dunkel und Licht ineinanderfließen. Diese Phase bietet außergewöhnliche Chancen für unser inneres Wachstum. Die besinnliche Zeit lädt uns dazu ein, innezuhalten, uns nach innen zu wenden und unsere Aufmerksamkeit einmal ganz auf das zu richten, was wesentlich ist. In dieser Zeit sehnen sich viele Menschen ganz natürlich danach, sich in die Geborgenheit der warmen Stube zurückzuziehen.

Einige Fragen, die wir uns im Winter stellen können, lauten: Kann ich mir Auszeiten nehmen, die es mir ermöglichen, dass alte Wunden heilen? Was sollte ich jetzt einmal ruhen lassen? Welche Möglichkeiten gibt es, achtsamer und mitfühlender mit mir selbst umzugehen? Wie kann ich inmitten der Dunkelheit in Kontakt zum Licht bleiben?

Einkehr

Wir stehen kurz vor Weihnachten und der Sonnwendfeier. Der Winter beginnt nun ganz »offiziell«. Die Tage der ersten Winterwoche wollen wir wieder dem Thema der »Einkehr« widmen. Wir besinnen uns an diesen Tagen darauf, was wir wirklich, im Innersten unseres Herzens sind und wohin unser Weg uns führt.

In dieser Woche findet das Weihnachtsfest statt, und es ist auch die Zeit der Wintersonnwende: die längste Nacht des Jahres. Ab dieser Woche werden die Tage wieder länger – bis zur Sommersonnwende im Juni. Mit dem Ende dieser Woche beginnen die Rauhnächte, die besonders heilige Zeit »zwischen den Jahren« lässt uns offener gegenüber spirituellen Erfahrungen werden.

Bauernregeln

19.12. AM TAGE DES SANKT WUNIBALD,

DA WIRD ES MEIST ERST RICHTIG KALT.

23.12. VOR WEIHNACHT VIEL WASSER, NACH

JOHANNI (24. JULI) KEIN BROT.

24.12. BRINGT DAS CHRISTKIND KÄLT' UND SCHNEE,

DRÄNGT DAS WINTERKORN IN DIE HÖH'.

Die Inspiration der Woche

In der ersten Winterwoche soll Isaac Newton, der am 25. Dezember 1642 geboren wurde, unsere Inspiration sein. Mit dem können wir nicht mithalten, meinen Sie vielleicht? Immerhin war er einer der bedeutendsten Wissenschaftler aller Zeiten, da haben Sie recht. Interessant für uns ist er aber vor allem, weil er uns beschreibt, wie er zu seinen bahnbrechenden Einsichten gekommen ist: Durch innere Einkehr. So schreibt er in seinen *»Quaestiones«* von ersten weitreichenden Ahnungen und wegweisenden »Zusammenhangserlebnissen«, die ihn schließlich auf die Spur seiner drei großen Theorien – die Infinitesimalrechnung, die Theorie des Lichts und die Gravitationstheorie –, aber auch zu Einsichten über die Alchemie und die Bibel brachten. Wir müssen keine gewaltigen Gedankengebäude entwerfen – doch wir können uns von Newton inspirieren lassen, in unser Inneres einzukehren, die Gedanken schweigen zu lassen und der Stimme unseres Unterbewusstseins zu lauschen. Vielleicht kommen auch wir dadurch auf lebensverändernde Ahnungen und haben »Zusammenhangserlebnisse« auf unsere ganz persönliche Weise.

Ganz im Winter ankommen

Die Jahreszeiten gehen fließend ineinander über. Auch wenn es zuweilen abrupte Brüche gibt, wie etwa den ersten Schneefall, so ist der Wechsel von einer in die andere Jahreszeit oft noch nicht klar sichtbar. So ist es auch am Anfang des Winters. Dennoch ist es wichtig, dass wir uns innerlich auf diese neue Jahreszeit einstellen. Der Winter ist die Zeit, in der die Natur zur Ruhe kommt. Kälte, Schnee und Dunkelheit sprechen eine deutliche Sprache – und gerade jetzt, zur Weihnachtszeit, geht es für uns darum, wieder ganz zu uns selbst, zur stillen Quelle unserer Kraft zu finden. Die natürliche Tendenz steht jedoch leider oft im krassen Widerspruch zu unserem modernen Alltag. Zum »Weihnachtsgeschäft« ist in vielen Betrieben die Hölle los. Nutzen Sie die Weihnachtstage als Chance gegenzusteuern. Statt hektischer Geschäftigkeit zum Opfer zu fallen, sollten Sie in diesen Tagen stressfreie Zonen einbauen und bewusst Zeit mit Ihren Liebsten und mit sich selbst verbringen.

Spüren Sie in diesen Tagen in sich hinein: Können Sie zur Ruhe kommen, indem Sie sich bewusst zurückziehen? Können Sie einen Blick für das entwickeln, »was durchscheint durch das, was erscheint«, was jenseits aller Geschäftigkeit liegt?

Morgensegen

Beginnen Sie die Tage dieser Woche mit einer ganz kurzen Einkehr. Stellen Sie sich innerlich die Frage: »Wer bin ich?« Denken Sie nicht nach, grübeln Sie nicht, lauschen Sie nur.

Atmen Sie dann tief durch und legen Sie die Hände über Ihr Herz. Lächeln Sie und wiederholen Sie dreimal die Segensworte für diesen Tag:

 Ich öffne mein Herz, ich bin, wer ich bin. Ich bin voll Ruhe und voll Kraft. So segne ich mit Achtsamkeit den Tag.

Nach jeder Wiederholung atmen Sie einmal tief durch, spüren die Kraft des Segens und gehen diesem neuen Tag offen entgegen.

Abendsegen

Ziehen Sie sich an einen ruhigen Platz zurück und zünden Sie einige Kerzen an. Setzen Sie sich aufrecht, aber bequem hin und schließen Sie die Augen.

– Entspannen Sie Ihren Körper, lassen Sie den Atem sanft durch die Nase strömen und kommen Sie ganz im Jetzt an – dem einzigen Augenblick, in dem Ihr Leben wirklich stattfindet.

– Denken Sie noch einmal an den heutigen Tag zurück: Die Weihnachtszeit hat begonnen. Was ist jetzt besonders wichtig für Sie? Was ist heute alles passiert? Konnten Sie Möglichkeiten nutzen, etwas mehr Ruhe in Ihren Alltag zu bringen, oder ist Ihnen das heute noch nicht gelungen?

– Was hat Sie heute aus der Ruhe gebracht? Wo lauern »Energievampire«? Gibt es Menschen, die Ihnen Energie rauben, oder sind es eher bestimmte Aufgaben oder aber Ihre eigenen Gefühle und Gedanken?

– Wie haben Sie sich heute gefühlt? Hatten Sie viel oder wenig Energie? Haben Sie sich Sorgen gemacht, unter Ängsten oder Niedergeschlagenheit gelitten oder waren Sie eher ausgeglichen, zufrieden oder fröhlich?

– Und wie fühlen Sie sich jetzt – in diesem Augenblick, da Sie hier sitzen? Können Sie in diesem Augenblick bereits Kontakt zu jener tiefen Ruhe herstellen, die der Winter mit sich bringt?

– Um die Meditation abzuschließen, atmen Sie einmal tief durch und öffnen die Augen.

NACHTGEBET

Tief in meinem Herzen
lebt in Frieden tiefe Stille.
Still werden alle Schmerzen.
Und ich bin ich, nicht meine Hülle.

Wandlung

Die Tage der zweiten Woche des Winters sind, wie auch die zweiten Wochen der anderen Jahreszeiten, dem Thema »Wandlung« gewidmet. Wir öffnen die Augen und achten auf den Wandel in uns und in der Natur und sehen, wie der Winter den Herbst ablöst. Achten wir wieder darauf, wie innere und äußere Kräfte im Gleichklang schwingen. Wir segnen diesen Tag durch Achtsamkeit. In dieser Woche werden wir von der besonderen spirituellen Kraft der Rauhnächte getragen. Lassen wir uns tragen – dann wird alles leichter.

Bauernregeln

26.12. SCHEINT AM STEPHANSTAG DIE SONNE,
SO GERÄT DER FLACHS ZUR WONNE.
27.12. HAT EVANGELIST JOHANNES EIS,
DANN MACHT ES DER TÄUFER JOHANNES
(24. JUNI) HEISS.
28.12. SCHNEIT'S AN UNSCHULDIGE KINDL,
FÄHRT DER JÄNNER IN DIE SCHINDEL.
31.12. SILVESTERWIND UND SONNENSCHEIN,
VERDERBEN DIE HOFFNUNG AUF KORN UND WEIN.
01.01. WENN'S UM NEUJAHR REGEN GIBT,
OFT UM OSTERN SCHNEE NOCH STIEBT.

Die Inspiration der Woche

Auch die zweite Woche des Winters wollen wir einem großen Naturwissenschaftler widmen, dem Naturphilosophen, Mathematiker, Astronomen, Astrologen, Optiker und Theologen Johannes Kepler, der am 27.12.1571 das Licht der Welt erblickte. Vor Kepler stand die Erde im Mittelpunkt der Welt, und alles andere kreiste um sie. Nach Kepler war für die Wissenschaft klar: Die Sonne steht im Mittelpunkt des Sonnensystems, und die Erde ist einer der Planeten, die um sie kreist. In seinen Augen waren die Naturgesetze ein Ausdruck der Weltharmonie, der gottgeschaffene menschliche Geist sei da, um sie zu erkennen. Wie viel Mut gehört dazu, ein Weltbild in

Frage zu stellen und die Sicht auf das Universum zu verwandeln!

Die verwandelnde Kraft der Rauhnächte

In dieser Woche stehen wir ganz im Einfluss der Rauhnächte. Als Rauhnächte werden die zwölf heiligen Nächte zwischen Weihnachten und dem Dreikönigsfest am 06. Januar bezeichnet, die im Brauchtum Mitteleuropas eine große Rolle spielen. In dieser »Zeit zwischen den Jahren« öffnen sich die Tore zur geistigen Welt. Seit jeher berichten Menschen von besonderen, mitunter auch außersinnlichen Erfahrungen während dieser Phase des Jahres.

Die Zeit der Rauhnächte ist eine heilige Zeit, in der es zu einer intensiven inneren Verwandlung kommen kann. Sofern es uns gelingt, uns vom Alltagsstress zu lösen, können wir uns in dieser Zeit besonders leicht von der Vergangenheit lösen und »alte Geister austreiben«. Ferner können wir neue Kräfte in uns entdecken und erkennen, was für unser Leben wesentlich ist. Die klassische Methode, um während der Rauhnächte Kontakt zur spirituellen Welt aufzunehmen, besteht darin, Räucherungen vorzunehmen, was ich Ihnen in diesen Tagen für den Abendsegen vorschlagen möchte.

Morgensegen

Der Segensgedanke für diesen Tag sollte Ihre Achtsamkeit auf die Kraft der Veränderung richten. Achtsam sein heißt, genau hinzusehen, ohne es einzuordnen und zu bewerten. Wenn Sie

233

aufwachen, dann nehmen Sie sich vor dem Aufstehen eine Minute Zeit für achtsames Hinsehen. Legen Sie die Hände auf Ihren Bauch, spüren Sie, wie er sich mit dem Atem hebt und senkt, und wiederholen Sie dreimal die Segensworte für diesen Tag:

Alles wandelt sich. Mein Herz blickt ohne Urteil und ohne Sorgen auf das, was sich heute verändert. Gesegnet sei dieser Tag.

Nach jeder Wiederholung atmen Sie einmal tief durch. Spüren Sie die Kraft des Segens und freuen Sie sich auf die Veränderungen, die Sie heute erfahren werden.

Abendsegen

Das Räuchern gehört weltweit zu den ältesten Ritualen. Auch wenn viele von uns es vor allem als Teil der heiligen Messe aus der katholischen Kirche kennen, wurden Räucherungen auch auf dem Land ausgeführt. Der Dichter Sebastian Franck schrieb vor fast 500 Jahren: »Die zwolff naecht zwischen Weihenacht und Heyligen drey Künig tag ist kein hauß das nit all tag weiroch rauch in yr herberge mache gegen alle teüfel gespens und zauberey.«

Um sich selbst und Ihre Umgebung von »Gespenstern und Zauberei« zu reinigen und die verwandelnde Kraft des Räucherns zu erleben, benötigen Sie lediglich ein Räuchergefäß wie eine Keramikschale, etwas Räucherkohle und Sand und Räuchersubstanzen, das sind im Mörser zerkleinerte Harze,

Hölzer oder Kräuter. Sie können sämtliche Utensilien über den Fachhandel beziehen. Wenn Sie heute ein Räucherritual durchführen wollen, sollten Sie alles Notwendige bereitstellen. Für eine reinigende Räuchermischung empfehle ich Ihnen zu gleichen Teilen Wacholder, Weihrauch und Kampfer zu vermengen.

– Setzen Sie sich vor die Räucherschale und entspannen Sie Körper und Geist. Entzünden Sie die Kohle mit einem Streichholz; falls Sie Angst haben, sich zu verbrennen, können Sie eine Pinzette zu Hilfe nehmen. Sobald die Kohle zu glühen beginnt, legen Sie sie in das mit etwas Sand gefüllte Räuchergefäß. Warten Sie ein wenig, bis die Kohle richtig glüht, bevor Sie etwa ein bis zwei Teelöffel der Räuchermischung darauf verteilen.

– Falten Sie die Hände wie zum Gebet vor der Brust und schließen Sie entspannt die Augen, während sich der aromatische Rauch bildet. Lassen Sie Ihren Atem einfach und natürlich kommen und gehen, nehmen Sie den Duft wahr und öffnen Sie sich für die verwandelnde und reinigende Kraft des Rauches. Wenn es Ihnen lieber ist, können Sie sich den Rauch mit den Handflächen auch sanft zufächeln. Die Augen müssen dabei natürlich geschlossen bleiben.

– Was will in Ihnen zu einem Abschluss kommen? Und was ist das Neue, das in Ihr Leben kommen will? Beenden Sie die Räucherung, indem Sie sich kurz verbeugen, die Augen öffnen und das Zimmer gründlich lüften.

NACHTGEBET

Der Fluss, in den ich steig', ist nie derselbe.
Und jeder Tag ist neu.
Die Welt, sie fließt, und ich mit ihr,
und spür, wie ich mich freu'.

Liebe

In den Tagen der dritten Woche des Winters wollen wir wieder, wie jede dritte Woche, dem Thema »Liebe« Aufmerksamkeit schenken – wir segnen diese Tage durch die Kraft der Liebe. In dieser Woche wollen wir das wohlige Gefühl erfahren, Liebe aus unserem Herzen in die Welt zu schicken und dadurch den Tag zu segnen.

In dieser Woche – man glaubt es kaum – kommt die Erde der Sonne am nächsten! Warum wird es dann im Winter kalt? Auf der Nordhalbkugel der Erde fallen im Winter die Strahlen der Sonne schräg ein, sodass sie weniger wärmen: Deshalb wird es bei uns Winter. Und auf der Südhalbkugel Sommer.

Bauernregeln

03.01. BRINGT GENOVEVA UNS STURM UND WIND,
SO IST UNS WALTRAUD (09. APRIL)
OFT GELIND. (SCHWENDTAG!)
04.01. MAKARIUS DAS WETTER PROPHEZEIT
FÜR DIE GANZE ERNTEZEIT. (SCHWENDTAG!)
06.01. IST BIS DREIKÖNIG NOCH KEIN WINTER,
FOLGT AUCH KEINER MEHR DAHINTER.

Die Inspiration der Woche

Ernst Barlach war Bildhauer und Schriftsteller, Dichter, Zeichner und Grafiker. Er wurde in der dritten Winterwoche, am 02. Januar 1870 geboren und soll uns in dieser Woche inspirieren. Ich habe eine besondere Beziehung zu Barlach, da meine Mutter eine Replika seiner Skulptur »Die lachende Alte« besaß. Schon als Kind hat mich die liebevolle Darstellung der menschlichen Eigenart begeistert – Barlachs Skulptur gab den Anstoß, mich mit der Holzbildhauerei zu befassen. Barlach gelingt meiner Ansicht nach, durch seinen liebevollen Blick auf den Menschen das Wesentliche zu erkennen. Und mit diesem liebevollen Blick wollen wir diese Woche bewusst durch den Alltag gehen.

Lieben – auch wenn es schwerfällt

Auch die kommenden Tage stehen noch unter dem Einfluss der Rauhnächte. Ein neues Jahr hat begonnen und mit ihm die Möglichkeit, unser Herz dem Neuen zu öffnen. Und was ist das Wichtigste, um ein erfülltes und glückliches Leben zu führen? Die Liebe – denn nur durch die Liebe können wir Frieden schließen – mit uns selbst und mit den Menschen, mit denen wir leben. Nutzen wir also die Zeit der Rauhnächte, um unser spirituelles Herz weit werden zu lassen. Das Liebenswerte zu lieben ist leicht – kleine Kinder oder Kätzchen, freundliche oder weise Menschen. Doch im Alltag begegnet uns vieles, was wir nicht mögen: schwierige Kollegen, rebellische Kinder, bellende Hunde … – und leicht führt das dazu, dass wir uns in Kämpfen und Streitigkeiten verlieren.

Spirituelle Liebe sagt nicht: »Nur wenn du bist, wie ich will, liebe ich dich«, sondern: »Ich akzeptiere dich und nehme dich an – ganz egal, wie du bist.« Schwierige Menschen und Situationen sind ein wertvolles Übungsfeld, denn so wie unsere Muskeln nicht wachsen können, wenn sie nie Widerstände überwinden müssen, so kann auch unsere Herzensliebe nicht wachsen, wenn sie nicht gelegentlich auf Hindernisse stößt. Versuchen wir also in diesen Tagen, »Ja« zu sagen und mit uns und den anderen Frieden zu schließen – auch wenn uns das manchmal schwerfällt. Etwas einfacher wird es aber, wenn wir uns bewusst machen, dass auch andere Menschen »ihr Kreuz zu tragen haben«. Mehr Verständnis für das Leiden des anderen führt dazu, dass wir von selbst mitfühlender werden.

Morgensegen

Beginnen Sie die Tage dieser Woche wie gewohnt mit einem Segensgedanken, um sich auf den Tag und das Thema »Liebe« einzustimmen. Wenn Sie aufwachen, nehmen Sie sich eine Minute Zeit, bevor Sie aufstehen. Legen Sie die Hände über Ihr Herz und stellen Sie sich vor, wie die Kraft der Liebe aus Ihrem Herzen in die Welt strömt und erst die Ihnen nahestehenden Menschen, dann weniger Nahestehende und dann sich immer weiter ausbreitend schließlich alle Menschen berührt – und wie die Kraft der Liebe verstärkt und aufgeladen wieder in Sie zurückströmt. Wiederholen Sie siebenmal die Segensworte für diesen Tag:

 Ich sende meine Liebe in die Welt – möge es euch allen gut ergehen, möget ihr Frieden finden. Gesegnet sei dieser Tag.

Nach jeder Wiederholung atmen Sie einmal tief durch. Spüren Sie die Kraft des Segens und öffnen Sie sich für alles, was dieser Tag bringen wird.

Abendsegen

Um die folgende Herzmeditation zu intensivieren, können Sie einige Tropfen ätherisches Myrrhe- oder Rosenöl in einer Duftlampe im Raum verdampfen lassen. Setzen Sie sich aufrecht und entspannt hin und schließen Sie die Augen. Atmen Sie dreimal tief durch und lassen Sie den Atem zur Ruhe kommen.

- Denken Sie jetzt an einen Augenblick in Ihrem Leben, in dem Sie sich wohl und sicher gefühlt haben und Ihr Herz voller Liebe war.
- Lenken Sie Ihre Aufmerksamkeit nun auf sich selbst. Sagen Sie, wenn es Ihnen lieber ist, innerlich dreimal: »Möge ich glücklich und geborgen sein.« Falls Ihnen das schwerfällt, versuchen Sie, sich selbst als Kind in Erinnerung zu rufen. Schenken Sie dem Kind in sich die Liebe, die es braucht.
- Lenken Sie die Konzentration jetzt auf Ihre Nächsten – lassen Sie Ihre Familie und Freunde kurz vor Ihrem inneren Auge erscheinen. Sagen Sie dreimal innerlich: »Möget ihr glücklich und geborgen sein.«
- Denken Sie jetzt an Ihre Bekannten, Kollegen und auch entfernte Verwandte. Wiederholen Sie innerlich dreimal den Satz: »Möget ihr glücklich und geborgen sein.«
- Weiten Sie Ihre Liebe nun auf alle Wesen aus: Stellen Sie sich vor, wie sie sich wie Sonnenstrahlen über Ihren Ort, Ihr Land, den Kontinent, auf dem Sie leben, und schließlich über den ganzen Planeten ausbreitet. Stellen Sie sich Menschen in anderen Erdteilen vor, die vielleicht leiden und von einer friedlichen Welt träumen. Sagen Sie innerlich dreimal den Satz: »Mögen alle Menschen glücklich und geborgen sein.«
- Nehmen Sie sich etwas Zeit, um den Zustand des Wohlwollens und der Güte zu vertiefen, bevor Sie tief durchatmen und die Meditation beenden.

NACHTGEBET

Ich danke diesem Tag
für all die Liebe, die ich gab,
für all die Liebe, die ich bekam.
Mein Herz, es ist so weit und warm.

Dankbarkeit

In der vierten Woche des Winters wollen wir uns wieder auf die Dankbarkeit besinnen und uns während dieser Tage immer wieder vor Augen führen, was uns alles an Wertvollem und Gutem widerfährt, auch wenn wir manchmal etwas genauer hinsehen müssen, um das erkennen zu können. Es ist ja meist eine eher ungemütliche Zeit des Jahres: Es ist oft kalt, nass und grau. Die unterstützende spirituelle Kraft der Rauhnächte wirkt auch nicht mehr ... Da geschieht es nicht selten, dass sich die graue Stimmung auch aufs Gemüt legt. Die Dankbarkeit ist die Kraft, die dieser Dunkelheit am besten entgegenwirkt.

Bauernregeln

09. 01. SANKT JULIAN BRICHT DAS EIS,
BRICHT ER'S NICHT, UMARMT ER ES.
10.01. IST DER PAULUSTAG GELINDE,
GIBT'S IM FRÜHJAHR RAUE WINDE.

Die Inspiration der Woche

Die vierte Winterwoche ist der Dankbarkeit gewidmet, und ich finde, Gottfried Silbermann, der berühmte Orgelbauer, ist eine gute Inspiration zu diesem Thema. Er wurde am 14. Januar 1683 geboren und baute 1711 für seine Heimatstadt Frauenstein seine erste Orgel – und verzichtete dafür auf seinen Lohn, »weil Frauenstein mein Vaterland, Gott zu Ehren und der Kirche zu Liebe«. Silbermann lehnte die lukrativen Aufträge aus dem Ausland, aus Prag, Kopenhagen oder Moskau, ab und arbeitete nur im Umkreis von 35 Kilometern. Bis zu seinem Tod lebte Silbermann in Freiberg. Insgesamt baute Gottfried Silbermann an die 50 Orgeln, die meisten davon in Sachsen und die meisten davon in seiner Heimatstadt. 31 seiner Orgeln sind noch heute erhalten, darunter die berühmten Instrumente in Freiberg und in der Katholischen Hofkirche in Dresden.

Uns aber inspiriert in dieser Woche insbesondere der Aspekt der Dankbarkeit, mit der Silbermann seiner Heimat verbunden war.

Der Dankbarkeit Flügel verleihen

Das Jahr hat gerade erst begonnen, und meist richtet sich unser Blick jetzt auf das, was kommt. Vielleicht haben auch Sie gute Vorsätze gefasst oder visieren neue Ziele an. Dennoch wollen wir den Blick in diesen Tagen nochmals in unsere Vergangenheit lenken, und zwar aus der Perspektive der Dankbarkeit heraus.

Dankbar zu sein erfüllt unser Herz mit Freude und gibt allen künftigen Vorhaben den nötigen Rückhalt. Ebenso wie wahre Liebe ist auch wahre Dankbarkeit keine Sache des Zufalls, sondern der Praxis. Es ist leicht, für die besonderen Glücksfälle des Lebens dankbar zu sein – schwer ist es hingegen, auch für jene Erfahrungen dankbar zu sein, die auf den ersten Blick nicht gut oder angenehm, vielleicht sogar sehr schmerzhaft waren. Wir sollten die Fähigkeit entwickeln, auch im Schlimmen das Nützliche zu erkennen und aus den sauren Zitronen, die uns das Leben manchmal zuteilt, Limonade zu machen.

Denken Sie in diesen Tagen an alle Menschen, die Sie zu dem gemacht haben, der oder die Sie sind. Sicher gab es in Ihrer Vergangenheit Menschen, die Sie unterstützt haben. Bestimmt aber gab es auch Dinge und Menschen, auf die Sie gerne verzichtet hätten. Und doch waren auch sie für Ihre Entwicklung notwendig. Je weiter Sie Ihre Dankbarkeit ausdehnen, desto gelassener und glücklicher werden Sie sein – und zwar nicht nur in guten, sondern auch in schlechten Tagen.

Morgensegen

Beginnen Sie die Tage dieser Woche mit einem Segen für den Tag, der Sie daran erinnert, dankbar für das zu sein, was Ihnen begegnet. Wenn Sie aufwachen, dann nehmen Sie sich eine Minute Zeit, bevor Sie aufstehen. Versuchen Sie drei Dinge zu finden, für die Sie heute besonders dankbar sein wollen. Legen Sie dann die Hände auf die Brust. Atmen Sie tief ein und richten Sie Ihre Gedanken auf all das Gute, das Ihnen heute begegnen kann, wenn Sie nur genau hinsehen. Wiederholen Sie siebenmal die Segensworte für diesen Tag:

....

 Danke für diese Gegenwart. Danke für das Vergangene. Danke für das, was den heutigen Tag segnet. «

....

Nach jeder Wiederholung atmen Sie einmal tief durch. Spüren Sie die Kraft des Segens und freuen Sie sich auf das, was der heutige Tag Ihnen bringen wird.

Abendsegen

In dieser Woche wollen wir unsere Dankbarkeit einmal gezielt auf jene Menschen richten, die es uns überhaupt erst ermöglicht haben, unser Leben zu leben – auf unsere Vorfahren. Die Verehrung der Ahnen spielte in alten Kulturen eine große Rolle. Heute ist es aus der Mode gekommen, das Alte zu würdigen, denn nur das Neue scheint attraktiv zu sein. Und doch: Wenn wir uns unserer Wurzeln nicht bewusst sind, können wir nicht in Harmonie leben.

– Gedenken Sie in diesen Tagen der Verstorbenen, indem Sie ein Ahnentischchen aufstellen. Dadurch öffnen Sie Ihren Geist und können Verbindung zu allen Menschen aufnehmen, die von Ihnen gegangen sind.

– Es genügt ein kleiner Tisch, auf den Sie eine Tischdecke, einige Tannenzweige, Moos, Tannenzapfen oder Äpfel und Nüsse stellen. Für jeden Verstorbenen, mit dem Sie sich verbunden fühlen, zünden Sie eine Kerze an.

– Setzen Sie sich einige Minuten lang vor das Ahnentischchen. Lauschen Sie in die Stille hinein. Bedanken Sie sich innerlich bei allen Menschen, die den Lebensweg vor Ihnen gegangen sind; dabei müssen Sie sich nicht auf Menschen beschränken, an die Sie eine klare Erinnerung haben. Auch Groß- oder sogar Urgroßeltern, die Sie nur vom Hörensagen kennen, können Sie in das Dankbarkeitsritual miteinbeziehen.

NACHTGEBET

Dankbarkeit bedarf keiner großen Worte,
sie ist ein befreiendes Gefühl in der Seele.
Nur ein Moment, der alles strahlend macht.
Ich danke diesem Tag und dieser Nacht.

Gesundheit

Die Tage der fünften Winterwoche sind, wie auch die fünften Wochen der anderen Jahreszeiten, dem Thema »Gesundheit« gewidmet. An diesen Tagen, wo es draußen in unseren Breiten eisig ist und der Wind um die Ecken pfeift, sollten wir sehen, dass wir die äußeren Energien in der Natur mit den Kräften unseres Körpers in Einklang bringen, um gesund zu bleiben. Dazu sollten wir jetzt besonders auf unseren Wärmehaushalt achten und uns mit den verschiedenen Aspekten von »Wärme« befassen.

Bauernregeln

17.01. WENN ANTONIUS DIE LUFT MACHT KLAR,

DANN KOMMT GEWISS EIN TROCKNES JAHR.

20.01. AN FABIAN UND SEBASTIAN,

SOLL DER SAFT IN DIE BÄUME GAHN.

(MAN SOLLTE ALSO KEINE BÄUME MEHR FÄLLEN,

DA NUN DER SAFT WIEDER AUFSTEIGT!)

21.01. ZIEHEN WOLKEN ZU AGNES ÜBER'N GRUND,

BLEIBT DIE ERNTE STETS GESUND.

22.01. GEHT DER VINZENZ IM SCHNEE,

GIBT ES VIEL HEU UND KLEE.

Die Inspiration der Woche

Die fünfte Woche des Winters wollen wir Leonhart Fuchs widmen, der am 17. Januar 1501 geboren und zum Vater der Pflanzenkunde wurde. Er legte einen Arzneipflanzengarten und den ersten botanischen Garten der Tübinger Universität an – einen der ältesten der ganzen Welt überhaupt. Er schrieb über 50 Bücher, darunter viele über Kräuterkunde und Arzneipflanzen; das bekannteste und einflussreichste war wohl das 1543 in deutscher Sprache erschienene *»New Kreüterbuch«*, das über 400 europäische und 100 exotische Pflanzen beschreibt und in über 500 Holzschnitten darstellt. Leonhart Fuchs kann uns inspirieren, uns wieder mehr auf die Natur und ihre Heilkräfte zu besinnen.

Heilende Wärme

Wenn wir ein bewusstes, harmonisches Leben führen möchten, ist es wichtig, dass wir lernen, zunächst einmal gut für uns selbst zu sorgen. Im Winter heißt das, dass wir darauf achten sollten, uns genug Wärme zuzuführen. Normalerweise schützen wir uns instinktiv gegen Kälte, indem wir uns warm anziehen, Suppen statt Eiscreme essen und heiße Getränke zu uns nehmen. Leider haben viele den Kontakt zu ihren natürlichen Impulsen aber verloren – umso wichtiger ist es, dass wir bewusst gegensteuern, um Disharmonien und somit Krankheiten zu vermeiden. Wärme ist ein effektives Heilmittel gegen Schmerzen und chronische Verspannungen, das wusste schon Hippokrates. Nach wie vor sind Wärmeanwendungen in der Naturheilkunde aber auch zur Stärkung des Immunsystems beliebt. Menschen sind Warmblüter, das heißt, dass unser Organismus die Temperatur unabhängig von Außentemperaturen regeln kann; allerdings sollten wir dabei mit ihm und nicht gegen ihn arbeiten. Sorgen Sie für Wärme, setzen Sie sich an den Kamin, gehen Sie in die Sauna, wärmen Sie Ihren Körper durch viel Bewegung, denn so verbessern Sie die Durchblutung und stärken die Abwehrkräfte.

Doch es gibt noch einen weiteren Aspekt von Wärme: »In einem guten Wort ist Wärme für drei Winter«, schrieb der Lyriker Hans Carossa. Vergessen wir in diesen Tagen nicht, uns auch auf die Wärme unseres Herzens zu besinnen. Denn auch die warme Verbindung zu unseren Mitmenschen wirkt sich überaus heilsam auf unseren »Wärmehaushalt« aus.

Morgensegen

Beginnen Sie die Tage dieser Woche mit einem Segensgedanken, der Sie mit Ihrer eigenen Wärme in Kontakt bringt. Wenn Sie aufwachen, dann nehmen Sie sich ein paar Minuten Zeit, bevor Sie aufstehen. Spüren Sie die Wärme im Bett, die Entspannung im Körper. Richten Sie Ihre Aufmerksamkeit dann auf Ihre Herzenswärme. Denken Sie an die Menschen, die Sie im Alltag begleiten. Lassen Sie Ihr Bewusstsein ganz weit werden, sodass Sie alles um sich klarer wahrnehmen können. Wiederholen Sie nun dreimal die Segensworte für diesen Tag:

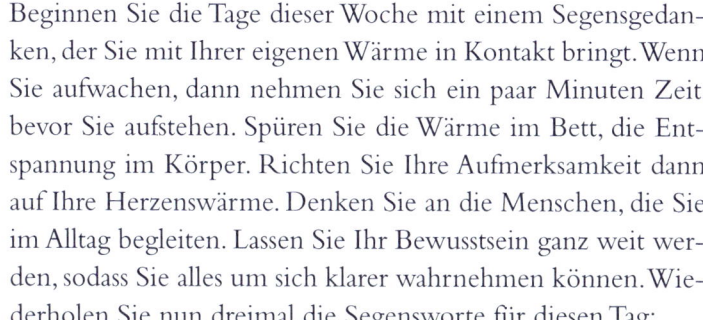

Meine Seele und die Seelen meiner Mitmenschen sind durch ein heilsames Band verknüpft. Aus meinem Herzen strahlt Wärme, die die Kälte vertreibt. Gesegnet sei dieser Tag.

Nach jeder Wiederholung atmen Sie einmal tief durch. Spüren Sie die Kraft des Segens und freuen Sie sich auf das, was der Tag heute bringen wird.

Abendsegen

Eine Möglichkeit, die Tage in dieser Woche auf segensvolle Weise ausklingen zu lassen, besteht darin, uns energetisch aufzuwärmen, indem wir das Zentrum der Lebensenergie in der Leibmitte aktivieren. Dazu dient eine einfache Bauchmassage, durch die der Energiefluss im ganzen Körper angeregt wird. Wenn möglich, sollten Sie die Massage auf nackter Haut ausführen. Sie können dabei etwas Massageöl benutzen.

– Stellen Sie sich aufrecht hin, schließen Sie die Augen und legen Sie Ihre linke Handfläche etwas unterhalb des Nabels auf den Bauch. Legen Sie die rechte Handfläche auf den linken Handrücken. Spüren Sie die Berührung und lassen Sie den Atem frei strömen.

– Beginnen Sie nun, sanft mit den Händen im Uhrzeigersinn zu kreisen. Beschreiben Sie 36 Kreise rund um den Nabel. Beginnen Sie langsam und führen Sie das Kreisen dann immer schneller durch, ohne den Druck zu erhöhen; gegen Ende verlangsamen Sie die Kreisbewegung wieder.

– Wiederholen Sie das Ganze dann gegen den Uhrzeigersinn – lassen Sie die Hände wieder 36-mal kreisen.

– Spüren Sie der Wirkung abschließend kurz nach und öffnen Sie dann wieder die Augen.

NACHTGEBET

Warme Zuwendung
heilt Körper und Seele.
Mit sich und anderen verbunden zu sein
ist das, was von allem Leiden befreit.

Die Zeit anhalten

An den Tagen der sechsten Winterwoche lassen wir immer wieder einmal die Zeit stehen. Wie lassen wir die Zeit stehen? Die verrinnt doch einfach? Ja, wir bewegen uns im Strom der Zeit. Doch sind wir viel zu selten im Jetzt, sondern eilen in die Vergangenheit und Zukunft. Wir besinnen uns an diesen Tagen darauf, dass das Hasten durch die Zeit, von einem Moment zum anderen, nur eine Entscheidung ist, die wir in Frage stellen können – und es steht uns frei, die Zeit einfach vergehen und uns mit ihr durch das Jetzt tragen zu lassen.

Bauernregeln

25.01. SCHEINT DIE SONNE SCHÖN
AN PAULI BEKEHRUNG, BRINGT ES DEN
FRÜCHTEN GUTE BESCHERUNG.
26.01. TIMOTHEUS BRICHT DAS EIS; HAT ES KEINS,
SO MACHT ER EINS.

Die Inspiration der Woche

In der sechsten Winterwoche lassen wir uns von einem der größten Musikgenies der Geschichte inspirieren, von Wolfgang Amadé Mozart, der am 27. Januar 1756 geboren wurde. (Der Name »Amadeus« erschien zu Mozarts Lebzeiten offiziell nur einmal, und zwar in einem amtlichen Schreiben; er selbst nannte sich »Wolfgang« oder »Wolfgang Amadé«.)

Es gibt wohl kaum einen Musiker, der so viele Menschen über so lange Zeit hinweg berührt hat. Er hat in gewisser Weise die Zeit zum Stillstand gebracht und ist unsterblich geworden. Und das ist auch der Aspekt, den wir uns zur Inspiration nehmen wollen: Wir können die Zeit anhalten – indem wir das Urteilen und Bewerten ruhen lassen und ganz im Augenblick sind, beispielsweise beim Genießen der »Zauberflöte« ...

Wem Zeit ist wie Ewigkeit

Kennen Sie auch das Gefühl, dass uns die Zeit durch die Finger rinnt? So viele Dinge, die es zu tun gibt, so viele Aufgaben, die erledigt werden müssen ... Oft scheint es, als hätte die Zeit uns fest im Griff; ein Blick auf den Terminkalender bestätigt das, und es ist kein Wunder, dass es so viele Bücher über Zeitmanagement gibt. Aber ist unsere Lebenszeit nicht viel zu kostbar, um »gemanagt« zu werden?

Einerseits spielt Zeit in unserem Leben natürlich eine große Rolle: Der Bus fährt um 7:35, die Fahrt zum Büro dauert knapp 20 Minuten, wir haben zwischen 23 und 30 Urlaubstage und brauchen drei Minuten, um uns die Zähne zu putzen. Die Uhr tickt ... Doch es gibt auch noch die andere Dimension: Als Menschen stehen wir nicht nur in Kontakt mit der Zeit, sondern auch mit der Ewigkeit. Neben der »irdischen« können wir uns auch für die »himmlische« Sphäre öffnen – und das sogar inmitten der vielen Termine.

Die Dimension der Ewigkeit zu erfassen ist nötig, um die Heiligkeit des Lebens spüren zu können. Zeit und Ewigkeit sind im Grunde gar nicht getrennt. Der Mystiker Angelus Silesius schrieb: »Zeit ist wie Ewigkeit und Ewigkeit wie Zeit – so du nur selber nicht machst einen Unterscheid.«

Nutzen Sie in dieser Woche immer wieder kleine Pausen und Auszeiten dazu, das Heilige im Alltäglichen zu entdecken. Suchen Sie nach dem Ewigen inmitten der Zeit. Halten Sie inne, richten Sie Ihre Achtsamkeit auf das Jetzt und halten Sie auf diese Weise die Zeit an. Hilfreich ist es dabei, die alltäglichen Dinge etwas langsamer und achtsamer zu tun als sonst. Außerdem sollten Sie versuchen, immer nur die eine Sache zu tun, die Sie gerade tun – ein Schritt nach dem anderen.

Morgensegen

Beginnen Sie die Tage dieser Woche damit, sich mit einem Segensgedanken auf den Tag einzustimmen und ein Gefühl dafür zu bekommen, was »Zeit« für Sie ist. Wenn Sie aufwachen, dann bleiben Sie erst einmal liegen. Legen Sie die Hände über Ihre Augen und versuchen Sie, all Ihre Gedanken zur Ruhe zu bringen. Das wird anfangs wohl nicht klappen – aber das macht nichts. Versuchen Sie für kurze Augenblicke, in die Momente zwischen Ihren Gedanken einzutauchen.

Nach einer Weile atmen Sie tief durch und wiederholen siebenmal die Segensworte für diesen Tag:

 Die Zeit ist da, ein warmes Meer, durch das ich mühelos treibe. Was geschehen wird, geschieht. Die Zeit öffnet mein Herz und segnet *diesen Tag.*

Nach jeder Wiederholung atmen Sie einmal tief durch. Spüren Sie die Kraft des Segens und achten Sie auf alles, was dieser Tag Ihnen bringen wird.

Abendsegen

Öffnen Sie sich heute für das, was jenseits der Zeit liegt: Vergessen Sie im Trubel des Alltags den Himmel nicht. Die Offenheit und Weite des Himmels kann Sie daran erinnern, dass auch Ihr Geist offen, weit und unendlich ist. Lassen Sie sich nicht durch Sorgen, Pläne oder Grübeln nach unten ziehen, sondern werden Sie still und leicht.

- Gehen Sie hinaus in den Garten und schauen Sie zum Himmel auf. Führen Sie die Schutzgebärde der Stille aus: Dazu legen Sie die Hände übereinander auf die Mitte Ihrer Brust oder überkreuzen die Arme über der Brust.
- Stellen Sie sich vor, dass der Himmel noch unendlich viel größer ist als der Teil, den Sie gerade sehen können. »Wem Zeit ist wie Ewigkeit und Ewigkeit wie Zeit, der ist befreit von allem Leid.« Können Sie die Worte des Mystikers Jacob Böhme nachempfinden? Je enger es in Ihrem Leben wird, desto wichtiger ist es, die Zeit anzuhalten.
- Bringen Sie Ihre Gedanken zur Ruhe – sie engen Sie nur ein. Werden Sie innerlich ganz still. Und falls eine Sehnsucht in Ihnen aufsteigt, dann lassen Sie sie zu, denn es ist die Sehnsucht nach der Weite des Himmels, die auch in Ihnen ist.

NACHTGEBET

Schön langsam
schreite ich voran.
Außerhalb der Zeit
geht es nicht mehr um Geschwindigkeit.

257

Kreativ sein

Wir sind nun mitten im Winter angelangt. Die Tage der siebten Winterwoche wollen wir dem Thema »Kreativität« widmen. Wir besinnen uns an diesen Tagen auf die göttlichste Fähigkeit in uns: die Fähigkeit, Neues zu erschaffen. Dabei geht es nicht nur um große Kunstwerke oder Erfindungen, sondern auch um die kleinen Dinge, die wir nicht immer auf die gleiche Art und Weise tun müssen. Wir müssen nicht auf Inspirationen warten – die Inspirationen liegen in der Luft. Bauen Sie ruhig auch einmal Luftschlösser: Die halten nicht lange, doch sie halten Ihre kreative Kraft wach.

Bauernregeln

30.01. BRINGT MARTINA SONNENSCHEIN,

HOFFT MAN AUF VIEL KORN UND WEIN.

31.01. FRIERT ES STARK UM VIRGILIUS,

IM MÄRZ VIEL KÄLTE KOMMEN MUSS.

02.02. SCHEINT AN LICHTMESS DIE SONNE KLAR,

GIBT'S SPÄTEN FROST UND KEIN FRUCHTBAR' JAHR;

DOCH WENN ES ZU LICHTMESS STÜRMT UND SCHNEIT,

IST DER FRÜHLING NICHT MEHR WEIT.

03.02. SANKT BLASIUS UND SANKT URBAN OHNE REGEN

FOLGT EIN GUTER ERNTESEGEN.

Die Inspiration der Woche

Die siebte Winterwoche ist der Kreativität gewidmet – und wir lassen uns dabei von Johann Friedrich Böttger inspirieren, der am 04. Februar 1682 geboren wurde. Er war Naturforscher und Alchemist, und er stellte das erste europäische Porzellan her. Mit 14 Jahren begann er eine Lehre als Apotheker und entwickelte dabei ein Interesse an der Alchemie. Als er 18 Jahre alt war, hatte er die seltsame Idee zu behaupten, er könne Silber zu Gold verwandeln, und führte das 1701 bei einer öffentlichen Demonstration vor. Das war natürlich ein Schwindel – aber überzeugend. Jedenfalls setzte Friedrich I. ein Kopfgeld auf ihn aus. Böttger floh nach Wittenberg, um dort Medizin zu studieren. Aber auch August der Starke hatte von dem jungen Apothekerlehrling gehört. Er ließ Böttger entführen und nach Dresden schaffen, damit der »Goldmacher« die leeren Staatskassen füllen möge. Das wurde zwar nichts, aber Böttger blieb 14 Jahre lang Leibeigener. Was dann schließlich doch Gold und Böttger die Freiheit brachte, war Böttgers Wiedererfindung (die Chinesen kannten es ja schon lange) des Porzellans. Böttger wurde schließlich der Leiter der Porzellanmanufaktur Meißen.

Aus dieser kurzen Lebensgeschichte wird vielleicht schon klar, wieso Böttger uns inspirieren kann: Lassen wir verrückte Ideen zu und bleiben mit Interesse dabei, so können wir zu ganz neuen Dingen kommen – auch wenn wir nicht gerade das Porzellan neu erfinden.

Alte Muster durchbrechen

In diesen Tagen möchte ich Sie dazu einladen, sich ein paar Gedanken zum Thema Kreativität zu machen. Kreativität ist die Fähigkeit, schöpferisch zu sein, Neues zu erschaffen und neue Wege zu gehen. Als Kinder sind wir alle noch höchst kreativ und fantasievoll. Später lässt die Lust am Spiel nach und mit ihr auch die Fähigkeit, kreativ zu sein. Dennoch – auch wenn es natürlich graduelle Unterschiede gibt, so ist doch jeder Mensch kreativ. Allerdings gibt es ja immer noch Entwicklungsmöglichkeiten, und da Sie umso freier und zufriedener sein werden, je kreativer Sie sind, lohnt es sich, diese zu nutzen.

Sie können Ihrer Kreativität durch Malen, Schreiben, Basteln, Kochen oder andere typische kreative Tätigkeiten Flügel verleihen. Es geht dabei nicht darum, große Kunst zu erschaffen, sondern die Freude am Experimentieren zu entdecken. Doch es gibt noch andere Möglichkeiten, das Neue in sein Leben einzuladen und kreativ zu werden: Gehen Sie Wege, die Sie bisher nicht gegangen sind. Schalten Sie den Autopiloten aus und durchbrechen Sie alte Muster!

Menschen sind Gewohnheitstiere, und das ist oft gar nicht schlecht – so müssen wir beim Autofahren etwa nicht darüber nachdenken, wo das Bremspedal ist. Doch die Macht der Gewohnheit kostet uns auch innere Freiheit. Viele Verhaltens- und Denkmuster führen dazu, dass die Alltagsroutine immer grauer wird und wir an Lebendigkeit verlieren.

Steuern Sie dagegen, indem Sie mehr Farbe in Ihr Leben bringen. Beschreiten Sie neue Wege und seien Sie ruhig ein bisschen verrückt, denn das ist allemal besser, als zum Roboter zu werden.

Morgensegen

Beginnen Sie die Tage dieser Woche damit, sich mit einem Segensgedanken auf den Tag einzustimmen. Wenn Sie aufwachen, dann nehmen Sie sich etwas Zeit, bevor Sie aufstehen. Legen Sie die Hände über den Bauch und sprechen Sie dreimal die Segensworte für diesen Tag:

Alles ist im Fluss. Alles bewegt sich und findet sich neu. Ich sehe mit leuchtenden Augen die neuen Verbindungen. Gesegnet sei dieser Tag.

Nun lassen Sie die Augen weiter geschlossen, und die Hände bleiben auf Ihrem Bauch liegen. Nehmen Sie nun die ersten beiden Worte, Bilder oder Gedanken, die in Ihrem Bewusstsein auftauchen, und verknüpfen Sie sie – bemühen Sie dabei nicht Ihren Verstand. Lassen Sie sich die Worte auf neue Weise verbinden und beobachten Sie, was für Bilder, Assoziationen und Ideen in Ihrem Geist entstehen. Wenn Sie eine Weile damit gespielt haben, atmen Sie tief durch und wiederholen dreimal die Segensworte für diesen Tag. Atmen Sie nach jeder Wiederholung einmal tief durch. Spüren Sie die Kraft des Segens und freuen Sie sich auf das, was dieser Tag Ihnen Neues offenbart.

Abendsegen

Ob Sie einen Urlaub planen, Ihre Möbel umstellen, Fotos am Computer bearbeiten oder im Beruf neue Projekte entwickeln – Sie sind wahrscheinlich viel kreativer, als Sie denken. Machen Sie sich das bewusst. Nutzen Sie diese Woche außerdem dazu, um gezielt Muster zu durchbrechen.

Setzen Sie sich bequem hin und schließen Sie die Augen. Lassen Sie den vergangenen Tag innerlich wie einen Film ablaufen. Finden Sie mindestens fünf Möglichkeiten, um Ihre Gewohnheiten im Alltag umzuwerfen. (Was Sie jetzt in Ihrer Vorstellung tun, können Sie in den nächsten Tagen konkret umsetzen.) Überlegen Sie – können Sie zum Beispiel:

– Mit dem anderen Bein aufstehen?

– Morgens einige Stretchingübungen machen?

- Tee statt Kaffee zum Frühstück trinken (oder umgekehrt)?
- Sich anders anziehen als sonst?
- Einen anderen Weg zur Arbeit nehmen oder aufs Rad statt in den Bus steigen?
- Ein neues Buch lesen oder etwas Neues lernen?
- Sich zu Hause oder in der Kantine auf einen anderen Stuhl und irgendwo anders hinsetzen?
- Abends spazieren gehen, statt vor dem Computer oder Fernseher zu kleben?
- Ein neues Kochrezept ausprobieren?

Lassen Sie während der Übung möglichst viele bunte Bilder entstehen, denn auch so aktivieren Sie kreative Prozesse. Öffnen Sie dann die Augen und versuchen Sie, noch heute Abend eine Gewohnheit zu durchbrechen.

NACHTGEBET

Neue Wege zu gehen
ist eine wunderbare Reise.
Im Alten das Neue zu sehen
macht Erfahrenheit erst weise.

Das Große im Kleinen sehen

Wenn etwas groß ist, beeindruckt es. Doch es ist viel bereichernder, den Blick auf das Wunderbare der kleinen Dinge zu richten. Ein Schneesturm mag durch seine Größe und Kraft beeindrucken, doch wenn wir die einzelnen Schneekristalle betrachten, von deren Unzahl nicht einer wie der andere ist, erkennen wir das wahre Wunder. An den Tagen der achten Winterwoche wollen wir versuchen, das Große und Großartige in kleinen, alltäglichen Dingen zu erkennen, und diesen neuen Quell der Lebensfreude zu genießen, der diesen Tag segnet.

Bauernregeln

06.02. BRINGT DOROTHEE RECHT VIEL SCHNEE,
BRINGT DER SOMMER GUTEN KLEE.
09.02. IST'S AN APOLLONIA FEUCHT,
DER WINTER OFT SEHR SPÄT ENTFLEUCHT.
12.02. EULALIA IM SONNENSCHEIN
BRINGT VIEL ÄPFEL UND APFELWEIN.

Die Inspiration der Woche

Die achte Woche des Winters möchte ich einem der ungewöhnlichsten Menschen widmen, von denen ich je gehört habe: Christian Heinrich Heineken, der am 06.02.1721 geboren wurde – und nur vier Jahre später starb. Mit elf Monaten konnte er lesen und kannte große Teile der Bibel auswendig, mit 14 Monaten hatte er ein erstaunliches Wissen über Geschichte, Geografie und Mathematik. Als Zweijähriger sprach er neben Dänisch auch Latein und Französisch. Als er drei Jahre alt war, schrieb er eine Geschichte Dänemarks. Und mit vier Jahren starb er an Zöliakie, einer Getreideunverträglichkeit. Dass er vier Jahre alt wurde, liegt daran, dass seine Amme ihn sehr lange stillte. Sobald er nur noch normale Nahrung bekam, begann er dahinzusiechen. Heute hätte er mit einer glutenfreien Diät wohl überlebt. Abgesehen davon, dass diese unfassbaren Leistungen eines Kindes faszinieren, kann Christian Heineken uns dazu inspirieren, ganz allgemein das Große im Kleinen zu sehen – auch wenn die Größe nicht immer so offensichtlich ist wie bei diesem Wunderkind.

Das Unscheinbare scheinen lassen

Wir segnen unsere Tage, wenn wir lernen, mit den Augen des Herzens zu sehen, denn, wie Antoine de Saint-Exupéry es so schön formulierte – das Wesentliche ist für die Augen unsichtbar. Wobei das nicht ganz stimmt, denn das Wesentliche ist nicht wirklich unsichtbar – es versteckt sich nur sehr gut. In den vielen kleinen Dingen, die uns Tag für Tag umgeben, sind die wahren Wunder verborgen. Um sehen zu können, was Sie üblicherweise wahrscheinlich übersehen, müssen Sie nicht weit blicken. Was gab es zum Beispiel heute zum Frühstück? Vielleicht eine Tasse Tee, einen Joghurt mit Kiwis und ein Toast mit Orangenmarmelade? Doch woher kommen diese Nahrungsmittel? Die Orangen in der Marmelade wuchsen vielleicht in Spanien, der Joghurt stammt aus der Region, die Kiwi wurde aus Neuseeland eingeflogen und der Tee im indischen Hochland geerntet. Die halbe Welt auf einem Tisch. Wie viele Hände haben wohl dazu beigetragen, damit wir unser Frühstück genießen können? Wenn wir genauer hinsehen, merken wir, dass alles mit allem verbunden ist – die Welt mit jedem Einzelnen, das Große mit dem Kleinen.

Jeder Tag, ja jeder Augenblick ist einzigartig, und im Naheliegenden liegen oft große Wunder verborgen: Der Eiszapfen, in dem sich die Morgensonne spiegelt, die Kerze, die uns das Geheimnis von Licht und Wärme offenbart, der Vogel, der im verschneiten Hagebuttenstrauch singt – nichts davon ist selbstverständlich. Der chinesische Philosoph Laotse schrieb: »Wer nicht aufs Kleine schaut, scheitert am Großen.« Nutzen Sie diese Woche dazu, das Kleine zu beachten und zu achten – staunend und dankbar.

Morgensegen

Wenn Sie an den Tagen dieser Woche aufwachen, sollten Sie sich eine Minute Zeit nehmen, um sich mit einem Segensgedanken auf diesen einzigartigen Tag einzustimmen. Spüren Sie kurz nach, was Sie gerade wahrnehmen, auf das Sie sonst gar nicht achten: Während Ihr Körper ganz still liegt und Sie die Schwere und Wärme spüren, lenken Sie Ihren Geist also immer klarer auf die sinnlichen Erfahrungen dieses Augenblickes. Wie ist die Haltung Ihrer Finger? Wo berührt Ihr Körper das Bett und die Bettdecke? Welche Geräusche können Sie hören? Versuchen Sie, jede dieser Wahrnehmungen mit einem Gefühl des Staunens über das Wunder des Seins zu verbinden. Wiederholen Sie dann dreimal die Segensworte für diesen Tag:

》》 *Im Allerkleinsten liegt etwas unvorstellbar Großes. Ich staune von Augenblick zu Augenblick über das Wunder der kleinen Dinge, die diesen Tag segnen.* 《《

Nach jeder Wiederholung atmen Sie einmal tief durch. Spüren Sie die Kraft des Segens und freuen Sie sich auf das, was dieser Tag Ihnen bringen wird.

Abendsegen

Eine naheliegende Möglichkeit, im Kleinen den großen Zusammenhang zu erkennen, bietet unser Atem: Schaffen Sie
eine harmonische, ruhige Atmosphäre. Setzen Sie sich auf
einen Stuhl oder ein Meditationskissen. Der Rücken sollte
aufrecht sein, Schultern und Gesicht sind entspannt und die
Augen geschlossen.

- Nachdem Sie innerlich ein wenig zur Ruhe gekommen
  sind, richten Sie Ihre Achtsamkeit auf den Atem. Versuchen Sie, nichts zu »machen«, sondern beobachten Sie
  einfach nur, wie der Atem durch die Nase kommt und
  geht. Machen Sie sich die Tatsache bewusst, dass Sie
  atmen – egal wie schnell, wie tief, wie regelmäßig oder
  unregelmäßig Ihr Atem gerade ist.
- Ihr Atem ist, wie er ist. So wie Sie sind, wie Sie sind. So
  wie das Leben ist, wie es ist. Ihr Atem kommt und geht.
  So wie die Menschen, die Sie lieben. So wie das Leben
  einen Anfang und ein Ende hat.
- Beim Einatmen dehnen sich Brust und Bauch – beim
  Ausatmen entspannen sie sich wieder. So wie es Zeiten
  der Aktivität und Zeiten des Loslassens gibt. So wie es
  Spannung und Entspannung in unseren Gefühlen gibt.
- Gibt es noch weitere Geheimnisse, die Sie in Ihrem Atem
  entdecken können? Sie müssen dabei nicht nachdenken,
  denn mit der Zeit werden Sie das Große im Kleinen
  auch ganz direkt spüren können.

NACHTGEBET

Das Schöne wohnt in mir,
und Schönheit ist in allen Dingen:
In jedem Menschen, jeder Pflanze, jedem Tier.
Die Alles-Schönheit lässt mein Herz erklingen.

Der Wahrheit treu sein

Die Tage der neunten Woche des Winters sind dem Thema »Wahrheit« gewidmet. Wir besinnen uns an diesen Tagen darauf, was Wahrheit für eine Rolle spielt, um auf heilsame Weise leben zu können. In dieser Woche wollen wir besonders darauf achten, wo wir aufrichtig sind und wo nicht, wo wir Wahrheit in unserem Alltag erfahren und an welchen Stellen, beispielsweise in der Werbung, der Wert der Wahrheit missachtet wird. Indem wir der Wahrheit einen besonderen Platz einräumen, segnen wir den Tag.

Bauernregeln

14.02. HAT VALENTIN VIEL REGENWASSER,
WIRD DER FRÜHLING NOCH VIEL NASSER.

Die Inspiration der Woche

In dieser Winterwoche wollen wir uns von Galileo Galilei, der in der neunten Woche des Winters, am 15. Februar 1564 geboren wurde, inspirieren lassen. Es geht um die Wahrheit – und Galileo Galilei hatte es schwer, ihr gegen alle Widerstände zum Trotz treu zu bleiben. Galileo ist vor allem als Astronom bekannt, aber er machte auch bahnbrechende Entdeckungen auf anderen Gebieten; so war er unter anderem Erfinder des Thermometers, der Pendeluhr, des Mikroskops, einer frühen Form des Rechenschiebers, und er bewies, dass Luft Gewicht hat; vor allem aber führte er den Beweis, dass das kopernikanische Weltbild, das die Sonne in den Mittelpunkt der Welt stellte, richtig war. Und das war eine Wahrheit, die niemand, vor allem nicht die Kirchenführer, hören wollte. Er wurde von der Inquisition befragt – und weil er zwar der Wahrheit treu blieb, aber eben kein Fanatiker war, kam er mit lebenslanger Haft davon und wurde nicht, wie andere, auf dem Scheiterhaufen verbrannt. Manche halten sein Nachgeben gegenüber der Kirche für Schwäche. Ich denke, es ist seine Stärke: Er verriet damit nicht die Wahrheit, sondern es ermöglichte ihm erst, die Wahrheit zu verbreiten. Und kaum 400 Jahre später, nämlich 1992, wurde er von der Kirche rehabilitiert. Der Wahrheit treu zu sein heißt nicht zu missionieren und auf seinem Recht zu bestehen, sondern die Wahrheit zu zeigen und zu leben. Dafür ist uns Galileo eine Inspiration.

Die Kraft der Aufrichtigkeit

Die Wahrheit zu sagen kann manchmal schwierig sein. Doch Wahrheit führt zu innerer Klarheit. Aufrichtig zu sein ermöglicht es uns, aufrecht durchs Leben zu gehen – wir müssen uns nicht verstellen und schlafen besser. Was immer wir heimlich tun, kann zu einer schweren Last werden, denn wenn wir zwei (oder mehr) Gesichter haben, dann wissen nicht nur die anderen, sondern auch wir selbst irgendwann nicht mehr, mit wem wir es eigentlich zu tun haben. Unsere Mitmenschen können nur dann auf uns zählen und uns vertrauen, wenn wir aufrichtig sind. Wer lügt, der erzeugt bei seinem Gegenüber leicht Misstrauen oder ein schlechtes Gefühl – gerade sensible Menschen merken schnell, wenn sie angeschwindelt werden. Doch auch für uns ist es anstrengend, ständig eine Rolle spielen zu müssen. Unaufrichtig zu sein spaltet uns: Was wir sagen, entspricht nicht dem, was wir denken, und das führt nicht nur zu einem schlechten Gewissen, sondern auch zu inneren Spannungen.

Ehrlich zu sein erfordert Mut. Manchmal scheinen kleine Notlügen durchaus berechtigt. Doch wir können auch lernen, die Wahrheit freundlich und mitfühlend zu formulieren. Sie müssen niemanden vor den Kopf stoßen, wenn Sie sich in diesen Tagen um Aufrichtigkeit bemühen. Wenn Sie ruhig und freundlich sagen, was Sie selbst fühlen, statt den anderen zu kritisieren, ist es sehr wahrscheinlich, dass das nicht zu Konflikten führt, sondern im Gegenteil zu mehr Offenheit und Nähe.

Morgensegen

Beginnen Sie den Tag mit einer einfachen Wahrheit. Legen Sie die rechte Hand auf Ihre Brustmitte und sprechen Sie etwas aus, das unzweifelhaft wahr ist. Atmen Sie tief durch und lauschen Sie, ob sich in Ihrem Inneren Widersprüche regen. Falls ja, dann sprechen Sie eine andere Wahrheit aus, bei der kein Widerspruch auftaucht. Wenn kein Widerspruch in Ihren Gedanken erscheint, dann wiederholen Sie das Aussprechen dieser Wahrheit.

Atmen Sie dann tief durch und wiederholen Sie siebenmal die Segensworte für diesen Tag:

 Ich lebe wahrhaftig, ich brauche mich nicht zu verstellen. Möge dieser Tag mit Wahrheit gesegnet sein.

Nach jeder Wiederholung schließen Sie kurz die Augen und atmen einmal tief durch. Genießen Sie die Kraft des Segens und freuen Sie sich auf die Möglichkeiten, die dieser Tag bietet. Nehmen Sie dann bewusst Kontakt zu Ihrem Körper auf. Spüren Sie die Schwere des Körpers und folgen Sie einige Male der Bewegung des Atems, bevor Sie sich dem Alltag zuwenden.

Abendsegen

Wahrhaftig zu leben beginnt mit aufrichtigen Worten. Das, was wir sagen, sollte dem entsprechen, was wir wirklich denken. Leider ist es oft schwer, das im direkten Gespräch umzusetzen, doch es gibt eine gute Übung: Statt die Wahrheit auszusprechen, sollten Sie sie zunächst aufschreiben.

– Schreiben Sie an jedem Tag dieser Woche einen kurzen, aufrichtigen Brief, in dem Sie genau das zum Ausdruck bringen, was Sie fühlen und denken. Es geht wohlgemerkt nicht darum, den Brief loszuschicken – Sie können also ungehemmt ehrlich sein. Dieses kleine Ritual wird Ihren Sinn für Wahrheit vertiefen.

– Setzen Sie sich an einen ruhigen Platz und schreiben Sie ein paar Zeilen. Formulieren Sie an jedem Abend in Ihrem Brief drei Dinge, die wahr sind und zu denen Sie voll und ganz stehen können. Sie können einfach schreiben, was Ihnen auf der Seele liegt. Falls Ihnen das schwerfällt, dann schreiben Sie je eine Sache, die Sie an Ihrem imaginären Empfänger schätzen, eine Eigenschaft, die Sie an ihm stört, und eine Bitte an ihn auf.

– Schreiben Sie an den nächsten sieben Abenden an folgende Empfänger:

  1. einen Brief an sich selbst,
  2. einen Brief an Ihren Partner oder Expartner,
  3. einen Brief an ein Elternteil oder Ihr Kind,
  4. einen Brief an eine Freundin,
  5. einen Brief an einen Freund,

6. einen Brief an einen Kollegen;
7. abschließend nochmals einen Brief an sich selbst.

NACHTGEBET

Was dunkel scheint, ist hell,
was trüb scheint, das ist klar,
was langsam scheint, ist schnell,
doch was wahr ist, das ist wahr.

Stille zulassen

Die Tage der zehnten Winterwoche sind dem Thema »Stille zulassen« gewidmet. Es ist nämlich erstaunlicherweise gar nicht so leicht, still zu werden – wir können Türen und Fenster zumachen und unsere Ohren verschließen, doch auch dann hören wir noch das Blut in uns rauschen, den Herzschlag, die Geräusche von Atem und Schlucken. Aber selbst wenn wir diese natürlichen Klänge ignorieren und sie nicht mehr wahrnehmen: Die Stimmen unserer Gedanken lassen dennoch keine Stille zu. Wir wollen in diesen Tagen versuchen, diese Stimmen ruhiger werden zu lassen und die Tage durch wahre Stille zu segnen.

Bauernregeln

22.02. IST PETRI STUHLFEIER KALT,
HAT DER WINTER NOCH 40 TAGE GEWALT.
24.02. WENN DER MATTHIAS KOMMT HERBEI,
LEGT DAS HUHN DAS ERSTE EI.
25.02. WALBURGASCHNEE TUT IMMER WEH.

Die Inspiration der Woche

Heute kennt kaum jemand noch Sethus Calvisius, der am 21. Februar 1556 geboren wurde. Ich fand, dass er eine gute Inspiration für das Thema der zehnten Woche des Winters ist, in der es darum geht, der Stille Respekt zu bezeugen: Nicht weil sein Leben so still war – beileibe nicht, im Gegenteil. Calvisius' Vater war Tagelöhner, und der Sohn sollte das Weberhandwerk erlernen. Doch sein Drang zur Bildung und zu Wissen war so stark, dass er auf eigene Initiative als 13-Jähriger die Schule besuchte. Schließlich nahm er auch – unter großen Schwierigkeiten, da er ja arm war – ein Studium auf. Kurz darauf erhielt er vom Kurfürsten August von Sachsen ein Stipendium und studierte an der Universität Leipzig: Mathematik, Geschichte, Astronomie und Musik; Letzteres so intensiv, dass er schon bald zum Rektor des Chores an der Paulinerkirche berufen wurde. Schließlich wurde er Kantor der Thomasschule und beider Hauptkirchen in Leipzig. Musik war aber nur eine seiner Stärken. Die Universität Wittenberg bot ihm eine Professur für Mathematik an, und an der Universität Frankfurt a. d. Oder wurde ihm ebenfalls eine Professur offeriert. Daneben war er auch noch ein bedeutender Astronom, der mit Kepler korrespondierte.

Das Leben Calvisius' lehrt uns, die Stille zuzulassen, ohne die ein Lernen von Neuem nicht möglich ist: im Wechsel von Kunst, wo die Wissenschaft schweigt, und Naturwissenschaft, wo die Subjektivität schweigt, und in der staunenden Beobachtung des Alls, in dem alles schweigt.

Den Lärm der Welt vergessen

Auch wenn es schon langsam auf das Ende des Winters zugeht, ist die Qualität der Stille immer noch spürbar, wenn wir uns darauf besinnen. Und das müssen wir wohl, denn wir leben in einer lauten Welt, die immer noch lauter zu werden scheint. Wann haben Sie die Stille zum letzten Mal erlebt? Wann war es um Sie herum wirklich still? Vielleicht bei einem Spaziergang im Wald oder während des letzten Urlaubs am Meer? Jedenfalls wohl kaum in der Stadt, wo Dauerlärm Körper und Seele belastet. Wir können nur dann Ruhe und Frieden in unserem Geist finden, wenn wir uns für die Erfahrung der Stille öffnen. Suchen wir also in diesen Tagen nach Möglichkeiten, die Stille wiederzuentdecken. Noch immer gibt es Orte, an denen es relativ still ist – eine Parkbank, eine Kirche, eine Wiese, ein großer Wald … Und ebenso gibt es auch Zeiten, da der Lärm der Welt etwas an Intensität verliert – der frühe Morgen, die Feiertage, die Nacht, der Winter …

Die Abwesenheit von Geräuschen ist zum Glück jedoch keine Voraussetzung dafür, um Stille erfahren zu können. Wer die göttliche Stille in sich gefunden hat, kann auch mitten auf dem Marktplatz heiter und gelassen bleiben und tiefe Ruhe erfahren. Stille ist sehr heilsam – in der Stille und im Innehalten haben Sorgen, Ängste und Verwirrung keine Macht mehr über uns. Versuchen Sie in diesen Tagen, das Wunder der Stille sowohl äußerlich als auch in sich selbst zu entdecken.

Morgensegen

Nehmen Sie sich Zeit, bevor Sie aufstehen. Sprechen Sie innerlich das Wort »Stille« und hören Sie hin, inwieweit Stille in Ihnen ist. Lassen Sie kommen, was kommt, denken Sie nicht darüber nach, halten Sie es nicht fest. Lauschen Sie nur. Atmen Sie dann tief durch und sagen Sie sich innerlich: »Lärm«. Beobachten Sie, was dieses Wort in Ihnen auslöst. Denken Sie nicht darüber nach, sondern lauschen Sie nur. Atmen Sie wieder tief durch und sagen Sie nun innerlich noch einmal »Stille«. Beobachten Sie, was nun in den Vordergrund rückt. Atmen Sie noch ein letztes Mal tief durch und sprechen Sie dann dreimal die Segensworte für diesen Tag:

 In mir kehrt Stille ein. Ich lasse die Stille in mir diesen Tag segnen.

Nach jeder Wiederholung atmen Sie einmal tief durch und spüren die Kraft des Segens. Freuen Sie sich auf das, was dieser Tag Ihnen bringen wird.

Abendsegen

Lassen Sie den Tag mit einer Achtsamkeitsmeditation ausklingen. Dazu setzen Sie sich aufrecht und entspannt hin und schließen die Augen.

- Lassen Sie Körper und Geist zur Ruhe kommen und beobachten Sie, wie Ihr Atem auf ganz natürliche Weise kommt und geht. Versuchen Sie nun, Ihren Körper in den nächsten Minuten nicht mehr zu bewegen und körperlich vollkommen still zu werden.
- Lenken Sie Ihre Achtsamkeit dann auf die Geräusche Ihrer Umgebung. Lauschen Sie einfach den Klängen, ganz gleich, ob sie von draußen oder aus dem Haus kommen. Versuchen Sie nicht, die Klänge zu analysieren, und bewerten Sie auch nicht, was Sie hören. Lassen Sie die Klänge zu sich kommen – Sie müssen sich dabei nicht anstrengen.
- Lenken Sie die Aufmerksamkeit nach einer Weile auf innere Klänge – auf Selbstgespräche, die Sie führen, oder Melodien, die Ihnen durch den Kopf gehen. Achten Sie darauf, wie Ihr Geist seinen eigenen Lärm erzeugt. Lauschen Sie tief nach innen.
- Bleiben Sie entspannt und achtsam. Unterscheiden Sie lediglich zwischen »äußerem Klang« und »innerem Klang«. Welche Wahrnehmung ist gerade im Vordergrund? Sagen Sie innerlich »Stille«, wenn Ihr Geist ruhig wird. Sagen Sie »außen hören«, wenn äußere Klänge an Ihr Ohr dringen, und »innen hören«, wenn Sie Gedanken formulieren.

– Nichts tun, nichts wollen – nur lauschen.
– Um die Meditation zu beenden, atmen Sie dreimal tief durch und öffnen dann wieder die Augen.

NACHTGEBET

Die Stille ist nicht
Abwesenheit von Klang.
Stille heißt
im Einklang mit der Welt zu sein.

Mut entwickeln

Der Winter wird nun schon mitunter durch erste Zeichen des kommenden Frühjahrs durchbrochen. Im Gemüt macht sich eventuell ein wenig Unruhe breit, wenn es den Neuaufbruch zu ahnen beginnt. Daher fällt auch der Fasching in diese Zeit. Es ist bereits die elfte Winterwoche. Bevor das landwirtschaftliche Jahr beginnt, wollen wir uns mit dem Thema »Mut« beschäftigen – wir besinnen uns an diesen Tagen darauf, dass wir nichts zu fürchten brauchen, wenn wir nur Mut haben. In Schaltjahren lassen wir diese Woche einen Tag mehr haben.

Bauernregeln

28.02. SANKT ROMAN HELL UND KLAR,
BEDEUT' EIN GUTES JAHR.
01.03. REGNET'S ARG ZU ALBINUS,
MACHT ES DEM BAUERN VIEL VERDRUSS.
3.3. IST KUNIGUNDE TRÄNENSCHWER,
BLEIBET OFT DIE SCHEUNE LEER.

Die Inspiration der Woche

Die elfte Winterwoche möchte ich dem spirituellen Dichter Manfred Kyber widmen, der am 18. Februar 1880 geboren wurde. Ich war als Jugendlicher vor allem von seinen ungewöhnlichen Tiergeschichten begeistert, in denen er seine tiefe Spiritualität ausdrückte. Doch Mut bewies er insbesondere in seinem Eintreten für den Tierschutz. Vor allem wendete er sich gegen Tierversuche, die er eine »abendländische Kulturschande« nannte. Dabei scheute er sich nicht, mit berühmten Ärzten Streitgespräche zu führen. Der Bakteriologe Paul Uhlenhuth hatte Tierversuchsgegner als »Unwissende und Verblendete« bezeichnet – und Kyber entgegnete in einer Streitschrift, dass der Streit um den Tierversuch in erster Linie eine moralische Frage sei und er gerne zu den Unwissenden und Verblendeten gehöre: »Ich wünsche dem Kampf gegen die wissenschaftliche Tierfolter so viel Unwissende und Verblendete dieser Art, als nötig waren, die juristische Folter zu stürzen.« Könnte Manfred Kyber nicht eine Inspiration für uns alle sein, bei wichtigen Fragen wirklichen Mut zu entwickeln?

Vertrauen zu sich selbst gewinnen

Um unsere Möglichkeiten ausschöpfen zu können, brauchen wir Mut. Wir brauchen Mut, um aufrichtig zu sein, Neues zu wagen und über uns selbst hinauszuwachsen. Und wir brauchen Mut, um unsere Ziele zu verwirklichen. Leider ist Mut nichts Selbstverständliches. Es gibt sehr viel mehr Menschen, die ängstlich und unsicher sind und ihre Komfortzone nie verlassen, als Abenteurer oder gar Helden. Das ist kein Wunder, denn wer bekommt in seiner Kindheit schon ein gesundes Selbstvertrauen mit auf den Weg? Schon früh trägt der innere Kritiker dann noch dazu bei, Selbstzweifel zu verstärken und uns den Mut zu rauben.

Diese Woche sollten Sie Ihrem Selbstvertrauen widmen. Tatsächlich können Sie gezielt dazu beitragen, mutiger zu werden. Etwa indem Sie sich Ihre Stärken vor Augen führen. Einmal täglich können Sie sich vor den Spiegel stellen und drei positive Eigenschaften aussprechen: »Ich kann ...«, »Meine Stärke ist ...«, »Ich bin ...«.

Apropos »aufrecht«: Auch der Körper hilft uns dabei, Selbstvertrauen zu gewinnen. Eine bessere Haltung und eine harmonische Spannung im Körper lassen uns aufrecht durchs Leben gehen. Der beste Weg, Mut zu entwickeln, besteht jedoch darin, seine Herzensziele zu verfolgen. Träumen Sie! Lassen Sie lebendige Bilder von Ihrem Ziel vor Ihrem inneren

Auge erscheinen. Und haben Sie keine Angst vor dem Scheitern. Scheitern gehört zum Leben, und wir können viel Selbstvertrauen gewinnen, wenn wir lernen, Fehler und Misserfolge zu akzeptieren. Jeder Tag bietet Chancen, gelassener mit Rückschlägen umzugehen oder Dinge zu tun, für die wir ein klein wenig Mut brauchen.

Morgensegen

Beginnen Sie die Tage dieser Woche mit einem Gedanken an Ihren Mut, der Sie durch diesen Tag trägt – sprechen Sie dreimal die Segensworte in Gedanken, dann stehen Sie auf, legen Sie die rechte Hand aufs Herz und heben Sie die linke Hand mit der Handfläche nach vorne. Sprechen Sie die Segensworte nochmals dreimal aus, aber laut!

 Ich bin voll Mut und Zuversicht für diesen gesegneten Tag.

Nach jeder Wiederholung atmen Sie einmal tief durch. Spüren Sie die Kraft des Segens und freuen Sie sich auf das, was dieser Tag Ihnen bringen wird.

Abendsegen

Die Mut-Atmung schenkt Ihnen Energie und bringt Kraft in Ihre Körperhaltung. Ängste und Unsicherheiten werden verbannt. Die Atemtechnik wirkt zudem nervenstärkend; da sie recht aktivierend ist, sollten Sie diese allerdings nicht mehr am späteren Abend ausführen.

– Lüften Sie den Raum gründlich. Stellen Sie sich dann aufrecht hin. Damit Sie möglichst stabil stehen, sollten die Füße etwa schulterbreit auseinander sein und die Füße leicht nach außen zeigen. Drücken Sie die Knie nicht durch.

– Schließen Sie die Augen und spüren Sie den Kontakt zum Boden. Atmen Sie vorbereitend aus. Mit dem nächsten Einatmen heben Sie die gestreckten Arme vor dem Körper senkrecht nach oben, bis sie waagrecht sind (so wie bei einem Nachtwandler). Atmen Sie ein paar Mal entspannt durch.

– Ballen Sie die Hände nun zu Fäusten:

1. Mit einem schnellen Einatmen durch die Nase reißen Sie die Fäuste zu den Schultern. (Dies sollte nur eine Sekunde dauern.)

2. Öffnen Sie nun die Hände, sodass die Handflächen nach vorne und die Finger nach oben zeigen. Mit einem langsamen Ausatmen durch den Mund schieben Sie die Hände langsam nach vorne, als wollten Sie einen schweren Schrank wegschieben, bis die Arme ausgestreckt sind. (Dies sollte mindestens vier Sekunden lang dauern.)

Wiederholen Sie diesen Zyklus dreimal. Stellen Sie sich beim Ausatmen vor, wie Sie mit Ihren Handflächen Ängste und Unsicherheit einfach wegschieben. Beenden Sie die Übung, indem Sie die Arme kurz ausschütteln.

NACHTGEBET

Was auch kommen mag:
mein Mut ist stärker.
Und voller Mut und Zuversicht
erwarte ich den neuen Tag.

Achtsam sein

Der Frühling steht vor der Tür. Es wird Zeit, die Trägheit, die der Winter verbreitet, wieder ein wenig zu überwinden. Aber nicht mit Willenskraft und Gewalt, sondern dadurch, dass wir uns an den Tagen der zwölften Winterwoche ganz der Achtsamkeit widmen. Achtsamkeit heißt, einfach hinsehen, was da ist, ohne zu urteilen oder zu bewerten. Immer wieder halten wir, nur für einen Moment, inne und sehen, was in diesem Moment ist. Es tut gut, eine Weile den Teil unseres Geistes, der alles gleich einordnet, ruhen zu lassen und die Wachheit im Jetzt zu genießen.

Bauernregeln

06.03. NACH DEM TAG DES FRIDOLIN,
DA MUSS DER PFLUG AUF DEM FELDE SIN.
07.03. PERPETUA UND FELIZITAS,
DIE BRINGEN UNS DAS ERSTE GRAS.
08.03. WENN'S DONNERT AN SANKT CYPRIAN,
ZIEHT MAN NOCH OFT DIE HANDSCHUH' AN.
10.03. WIE'S WETTER AN VIERZIG RITTER FÄLLT,
ES VIERZIG TAGE DESGLEICHEN HÄLT.
11.03. STURM UND WIND AN ROSAMUNDE
BRINGEN EINE GUTE KUNDE.
12.03. GREGORIUS ZEIGT DEM BAUERSMANN,
OB ER IM FELD NUN SÄEN KANN.

Die Inspiration der Woche

In der zwölften Woche des Winters, in der wir uns besonders der Achtsamkeit widmen wollen, soll Michelangelo Buonarroti, der am 06. März 1475 geboren wurde, unsere Inspiration sein. Er war Maler, Bildhauer, Architekt und Dichter und ist einer der bedeutendsten Künstler der Renaissance; oder vielleicht einer der bedeutendsten Künstler überhaupt. Eines seiner Meisterwerke ist die Statue des David. Sie wurde aus einem riesigen Marmorblock gehauen, den ein anderer Bildhauer 40 Jahre davor erfolglos zu bearbeiten begonnen hatte. Als Michelangelo seinen David schuf, war er noch nicht einmal 30 Jahre alt. Seine Bildhauerei übertrifft alles bisher Dagewesene; gerade auch die bewunderten Werke der Antike.

Noch bekannter als sein David ist wahrscheinlich seine Gestaltung der Sixtinischen Kapelle; und zweifellos ist dies ein Meilenstein in der Kunstgeschichte. Doch Michelangelo sah sich selbst in erster Linie als Bildhauer, nicht als Maler, Architekt oder Dichter, obwohl er auf allen diesen Gebieten Bedeutendes und Wegweisendes leistete. Im rohen Marmorblock erkannte er bereits das Kunstwerk; es lebte bereits als Idee im Stein und musste nur noch aus ihm »befreit« werden.

Und hier komme ich darauf, warum Michelangelo für uns ein Vorbild für Achtsamkeit ist. Ein Bildhauer kann im Gegensatz zum Maler kaum korrigieren – ein einmal weggeschlagenes Stück Marmor kann nicht wieder zurückgenommen werden. Was nun für jeden Bildhauer Gültigkeit hat, gilt für die Meisterwerke Michelangelos umso mehr. Unsere Inspiration besteht darin, zu versuchen, unser Leben so achtsam zu leben, wie ein Michelangelo seinen David gestaltete: So, dass wir das Ideal achtsam vor Augen haben und vorsichtig das Unwesentliche entfernen, um der idealen Form näher zu kommen.

Das Jetzt ergründen

Tolstoi schrieb, dass es nur eine wichtige Zeit gibt: »Heute. Hier. Jetzt.« Die einzige Möglichkeit, das Jetzt zu erfahren, Klarheit zu gewinnen und für die Heiligkeit unseres Leben zu erwachen, besteht darin, achtsam zu sein. Auch wenn uns das oft nicht bewusst ist, so verbringen wir doch einen Großteil unserer Zeit in einem halbwachen, traumähnlichen Zustand. Während Wolken über den Himmel ziehen, unser Kind mit uns spricht, Blumen im Garten wachsen oder wir ein Stück Kirschtorte essen, sind wir mit unseren Gedanken meist ganz woanders, machen uns Sorgen über das Morgen, schmieden Pläne, führen innerlich Selbstgespräche oder grübeln. Und dabei vergessen wir, dass alles, was wir brauchen, bereits da ist – hier und jetzt.

Versuchen Sie in diesen Tagen, aufzuwachen – nicht nur morgens, wenn Sie aufstehen, sondern auch mitten im Alltag. Durch Achtsamkeit können Sie selbst dann noch ausgeglichen und gelassen bleiben, wenn Sie einen vollen Arbeitstag, eine lange To-do-Liste, unangenehme Kollegen oder chronische Rückenschmerzen haben. Wer achtsam ist, bleibt gesammelt und offen – ohne alles, was passiert, zu kommentieren oder zu bewerten. Diese offene, wertfreie Haltung befreit automatisch von Stress und Anspannungen.

Der einzige Ort, an dem Sie wirklich glücklich sein und den Segen des Daseins erfahren können, ist genau der Ort, an dem Sie gerade sind. Wenn Sie ihn verpassen, verpassen Sie sich selbst. Und damit das nicht passiert, sollten Sie Achtsamkeit üben – nicht nur diese Woche, sondern auch an den restlichen Tagen des Jahres.

Morgensegen

Achtsamkeit hat in diesem Buch schon oft eine Rolle gespielt. Doch an den Tagen dieser Woche steht sie ganz im Vordergrund. Diesmal besteht der Morgensegen darin, all Ihre Gedanken auf den jetzigen Augenblick auszurichten. Wenn Sie aufwachen, dann versuchen Sie, sich sofort die Segensworte ins Bewusstsein zu rufen:

 Ich sehe hin, was ist, ohne zu beurteilen, ohne zu werten. Achtsamkeit segne meinen Tag.

Lassen Sie sich dann kurz Zeit, tatsächlich zu sehen, was in diesem Augenblick gerade da ist an Geräuschen, Gerüchen, Wahrnehmungen aus der äußeren und inneren Welt. Dann atmen Sie tief durch – und kehren immer wieder einmal während des Tages zu einem Augenblick der Achtsamkeit zurück. Sie können dazu auch die heutigen Segensworte verwenden – das macht es Ihnen leichter.

Abendsegen

Die heutige Meditation ist so einfach, dass Sie sich auch gut für zwischendurch eignet. Setzen Sie sich aufrecht und entspannt hin – auf einen Stuhl, den Boden oder eine Parkbank.

- Schließen Sie die Augen und entspannen Sie Ihren Körper so gut wie möglich.
- Richten Sie Ihre Achtsamkeit jetzt auf den Atem. Spüren Sie einfach, dass Sie gerade atmen: Wenn Sie einatmen, wissen Sie, dass Sie einatmen. Wenn Sie ausatmen, ist Ihnen bewusst, dass Sie ausatmen. Mehr gibt es nicht zu tun. Beobachten Sie Ihren Atem ein oder zwei Minuten lang.

– Lenken Sie Ihre Achtsamkeit nun auf Ihren Körper. Sind Ihre Muskeln entspannt oder fest? Gibt es Stellen, an denen Sie Schmerzen oder andere Empfindungen wie Jucken spüren? Ändern Sie nichts – »leuchten« Sie nur mit Ihrem Bewusstsein in den Körper hinein.

– Als Nächstes richten Sie die Konzentration auf Ihren Geist – auf die Gefühle und Gedanken. Wenn Erinnerungen, Gespräche, Bilder, Sorgen, Ärger oder Ungeduld auftauchen, dann lassen Sie es einfach zu. Beobachten Sie die Bewegungen in Ihrem Geist so, wie Sie die Wolken am Himmel beobachten würden – sie kommen, bleiben ein wenig und lösen sich dann auf ...

– Schließen Sie die Meditation ab, indem Sie die Achtsamkeit nochmals auf den Atem lenken, darauf, wie er ruhig kommt und geht. Öffnen Sie dann wieder die Augen.

NACHTGEBET

Ich öffne meine Seelenaugen:
Was ist hier und was ist jetzt?
Ich sehe hin, voll Liebe und Vertrauen.
Was ist, das ist. Und darauf kann ich bauen.

Rückbesinnung auf den Winter

Die Tage der letzten Woche des Winters widmen wir wieder dem Thema »Rückbesinnung«. Die stille Zeit, die wohl oft gar nicht so still war, nimmt allmählich Abschied, und wir können uns auf das Wunder der Auferstehung des Lebens in der Natur freuen. An diesen letzten Tagen des Winters besinnen wir uns immer wieder einmal auf das, was uns in der kalten, dunklen, aber auch spirituell aufgeladenen Zeit widerfahren ist, was wir lernen durften und wie wir uns weiterentwickeln konnten. Wir segnen die Tage durch die Rückbesinnung, die unsere Erfahrungen zu einem Teil unserer Seele werden lässt.

Bauernregeln

15.03. IST LUKRETIA VOLL WASSER,

SIND DIE KORNSÄCKE VOLL LUFT.

17.03. SIEHT SANKT GERTRUD EIS,

WIRD'S DAS GANZE JAHR NICHT HEISS.

19.03. IST JOSEPHI KLAR,

DANN FOLGTEIN FRUCHTBAR JAHR.

Die Inspiration der Woche

In der letzten Winterwoche wollen wir uns wieder auf das Vergangene zurückbesinnen, und diesmal wollen wir Karl Friedrich Schinkel, den Architekten, Stadtplaner, Maler, Grafiker und Bühnenbildner, zur Inspiration nehmen, der am 13. März 1781 geboren wurde. Schinkel war vielseitig begabt, und das zeigte sich in seinem Schaffen: Malerei und Architektur können in seinem Werk nicht scharf getrennt werden. Seine Bilder lassen den Architekten erkennen und seine Bauten den Maler. Seine Philosophie war, dass »Ruhe und Bezähmung« das Edelste des Menschen seien. Und er besann sich in seinem Schaffen immer auf das, was ihm vorausgegangen war. So schrieb er einmal: Die »Europäische Baukunst [ist] gleichbedeutend mit griechischer Baukunst in ihrer Fortsetzung. Keine Maskerade – das Nothwendige der Construction schön zu gestalten ist Grundsatz Griechischer Architektur und muß Grundsatz bleiben für deren Fortsetzung.«

Diese Haltung, das uns Vorausgegangene zu ehren und, wenn möglich, vorsichtig zu vervollkommnen, ohne dabei in die Falle des Diktats der aktuellen Mode zu tappen, das kann uns durchaus in unserem Alltag in vielfältiger Weise inspirieren.

Abschied vom Winter

Nicht mehr lange, dann wird der Winter dem einsetzenden Frühling gewichen sein. Möglicherweise können Sie die Vorboten des Frühlings ja bereits erkennen, doch ebenso gut kann es sein, dass es in den nächsten Tagen und Wochen immer noch kalt und schneereich sein wird. Unabhängig von der aktuellen Wetterlage, bringt jede Jahreszeit jedoch ihre eigenen Qualitäten und Entwicklungsmöglichkeiten mit sich. Der Winter war die Zeit der Ruhe und Stille, die Zeit der Sammlung. Wie ging es Ihnen in diesem Winter? Konnten Sie ein wenig von der Ruhe und Geborgenheit der stillen Zeit in sich selbst finden? Und wie ging es Ihnen mit der Dunkelheit der kurzen Tage? Ist es Ihnen gelungen, auch inmitten der dunkelsten Zeit Licht und Freude in sich zu spüren, oder ist Ihnen das schwergefallen? Mit dem Ende des Winters geht auch die besinnliche Zeit zu Ende. Das bedeutet, dass die Phase endet, in der es viele jahreszeitlich bedingte Angebote gab, sich zu besinnen, wie etwa Weihnachten, der Jahreswechsel, Heilige Drei Könige oder die Rauhnächte. Das bedeutet aber nicht, dass die Möglichkeiten oder die Notwendigkeit, in sich zu gehen und sich zu besinnen, nun enden würden.

Wir sollten jeden Tag des Jahres segnen. Immer wieder sollten wir uns bemühen, den »Lärm der Welt zu vergessen«, innezuhalten und ganz bei uns selbst anzukommen – auch inmitten der größten Unruhe. Die folgenden Tage jedoch wollen wir nutzen, um noch einmal einen Blick nach hinten zu werfen. Schließen Sie Frieden mit allem, was im Winter passiert ist, und bedanken Sie sich für das, was Sie in dieser Jahreszeit erleben durften.

Morgensegen

Beginnen Sie die Tage dieser Woche mit einer kurzen Besinnung auf das, was Sie in der dunklen Zeit des Jahres erlebt haben. Lassen Sie diese Zeit in Ihrer Vorstellung im Zeitraffer ablaufen – jeden Tag wird der innere Film ein wenig bunter und deutlicher. Stimmen Sie sich dann mit einem Segensgedanken auf den Tag ein. Dazu legen Sie die rechte Hand auf die Brust, die linke auf Ihren Bauch. Richten Sie Ihre Gedanken auf die Dinge, die in diesem Winter besonders wichtig für Sie waren und wiederholen Sie dann dreimal die Segensworte für diesen Tag:

 Die Reife war wichtig, die Ernte ein Segen. Die stille Zeit half mir auf meinen Wegen. Ich blicke voll Ehrfurcht zurück und voran dem Neuen entgegen. Gesegnet sei dieser Tag.

Nach jeder Wiederholung atmen Sie einmal tief durch und spüren dem Widerhall des Segens in Ihren Gefühlen nach.

297

Abendsegen

Schmücken Sie Ihr Zimmer mit einem Symbol für den Winter. Sie können ein Bild mit einer Winterlandschaft aufhängen oder auch etwas Moos, einen Tannenzapfen und eine Kerze auf ein Tischlein stellen. Auch ein Bergkristall ist ein schönes Symbol für den Winter, denn er repräsentiert Kälte und Eis, Stille und Klarheit.

Lassen Sie Ihren Blick kurz auf dem Bild oder Gegenstand ruhen, das oder den Sie mit dem Winter in Verbindung bringen. Setzen Sie sich dann bequem auf ein Sofa, einen Stuhl oder den Boden. Schließen Sie die Augen und lassen Sie Ihre Gedanken zur Ruhe kommen. Denken Sie noch einmal an die letzten drei Monate zurück – die Weihnachtszeit, Silvester und die ersten Wochen des Jahres:

- Haben Sie neue Erfahrungen gemacht oder besondere Dinge erlebt? Ist irgendetwas Außergewöhnliches passiert?
- Wie ist es Ihnen an den Weihnachts- und Feiertagen ergangen? War diese Zeit angenehm oder eher anstrengend für Sie?
- Welche Menschen sind Ihnen begegnet? Haben Sie neue Bekannte, Kollegen oder Freunde gewonnen? Gab es intensive Begegnungen – vielleicht auch Streit und Meinungsverschiedenheiten oder aber Nähe und Vertrauen?
- Was war die schönste Zeit dieses Winters? Für welche Erfahrungen sind Sie besonders dankbar?
- Um die Meditation abzuschließen, atmen Sie einige Male tief durch und öffnen dann wieder die Augen.

NACHTGEBET

Die Zeit der Stille
geht dem Ende zu.
Die Stille, sie war gut,
doch jetzt geh' ich aufs Leben zu.

Zum Abschied

Unsere Tage segnen – worum geht es dabei? Eigentlich um etwas sehr Einfaches: Das Wort »Segen« ist dem lateinischen *signum,* also »Zeichen« entlehnt. Und so wollen wir ein Zeichen setzen, eine bestimmte Haltung einnehmen, uns selbst daran erinnern, wie wir Tag für Tag dazu beitragen können, ein »gesegnetes« und das heißt vor allem ein glückliches und geborgenes Leben zu führen. Dazu bedarf es weder ausgeklügelter Rituale noch kirchlicher Gebärden. Im weiteren, spirituellen Sinne kommt es einzig darauf an, dass wir unser Dasein nicht dem Zufall überlassen, sondern uns bei allem Tun von unserer inneren Ausrichtung leiten lassen. Ob wir den Segen nun durch eine Handbewegung, eine Meditation, ein Gebet oder eine Selbstreflexion ausführen, spielt keine Rolle. Wichtig ist nur, dass wir drei Prinzipien beherzigen:

– *Unsere Mitmenschen würdigen:* Nichts ist selbstverständlich – und die Menschen, die uns im Leben begleiten, sind es schon gar nicht. Bedenken wir, dass der Mensch, dem wir heute begegnen, schon in dieser Nacht sterben könnte. Welche Last läge auf unseren Schultern, wenn wir im Streit auseinandergegangen wären? Mitgefühl und Mitmenschlichkeit sind die einzige und natürlichste Weise, die Menschen um uns herum zu segnen.

– *Unsere Welt würdigen:* Die Natur bietet uns die Grundlage für unser Leben. Himmel und Erde, Sonne und Wasser sind die Boten des göttlichen Segens, und wir würdigen sie, indem wir uns immer wieder mit den Kräften der Natur verbinden. Zugleich besteht unsere Aufgabe aber auch darin, mit den Rhythmen der Jahreszeiten in Harmonie zu leben und die Natur dort, wo sie unseres Schutzes bedarf, gezielt zu schützen.

– *Uns selbst würdigen:* Auch uns selbst dürfen wir nicht vergessen. Wir segnen uns, indem wir unsere Einzigartigkeit anerkennen, unsere Fähigkeiten und Möglichkeiten entwickeln und unsere Verletzlichkeit akzeptieren. Ebenso wichtig ist es jedoch, dass wir die Ziele unseres Herzens erkennen und ihnen folgen, denn nur so können wir zu dem Menschen werden, der zu sein wir bestimmt sind.

Mögen Sie gesegnet sein. Mögen Sie in Frieden leben. Mögen Sie allezeit Ihrem Herzen folgen.

Valentin Kirschgruber

Sollte diese Publikation Links auf Webseiten Dritter enthalten, s
o übernehmen wir für deren Inhalte keine Haftung,
da wir uns diese nicht zu eigen machen, sondern lediglich
auf deren Stand zum Zeitpunkt der Erstveröffentlichung verweisen.

Penguin Random House Verlagsgruppe FSC® N001967

3. Auflage
Originalausgabe
Copyright © 2016 Kailash, München,
in der Penguin Random House Verlagsgruppe GmbH,
Neumarkter Str. 28, 81673 München
Lektorat: Ute Heek
Umschlaggestaltung und Innenlayout: ki 36,
Sabine Krohberger Editorial Design, München
Satz: Satzwerk Huber, Germering
Druck und Bindung: Print Consult, München
Printed in Slovak Republic
ISBN 978-3-424-63115-9
www.kailash-verlag.de

Sich öffnen für Wunder

176 Seiten. ISBN 978-3-424-63082-4

Sagenumwoben, mystisch, geheimnisvoll: Die Rauhnächte – zwischen Weihnachten und dem Dreikönigstag –
gelten als Schwellenzeit, in der Dunkel und Licht, Altes
und Neues, Vergänglichkeit und Ewigkeit ineinanderfließen.
Die Weise, wie wir sie verbringen, soll der Überlieferung
nach das nächste Jahr bestimmen. Dieses zauberhaft ausge-
stattete Buch lädt ein, die heilige Zeit mit einer Fülle
von Bräuchen, Orakeln und Ritualen zu feiern.

kailash

Überall, wo es Bücher gibt, und unter www.kailash-verlag.de